国家社科基金项目（12BGL015）资助出版物

精柔驱动创新

——MC 企业提升创新力的路径与精柔战术

肖天明（福建工程学院） 著

机械工业出版社

创新是供给侧结构性改革的核心与灵魂。供给侧结构性改革“三大发动机”的核心都是创新。为创新驱动供给侧发展出谋划策的相关研究是国策要求，具有重要意义。大规模定制模式（MC 模式）企业是相对于传统的大规模生产模式（MP 模式）企业而提出的一种适应新经济时代多变、复杂环境的企业模式，是 21 世纪的主流企业模式。本书既为大规模定制模式企业提升自主创新力推荐精柔型企业文化路径，又基于精柔型企业文化为大规模定制模式企业提升自主创新力提出精柔激励战术、精柔流程战术、精柔方法战术和培育精柔型创新团队的战术。

本书引用了海尔集团、通用电气公司等具有代表性的案例。这些案例对其他大规模定制模式企业具有借鉴意义。同时，本书理论也为进一步研究精柔管理理论奠定了重要基础。本书可供高等学校企业管理理论研究者以及企业管理者提供参考。

图书在版编目（CIP）数据

精柔驱动创新：MC 企业提升创新力的路径与精柔战术/肖天明著．—北京：机械工业出版社，2019.6

ISBN 978-7-111-62859-0

Ⅰ．①精…　Ⅱ．①肖…　Ⅲ．①企业创新-研究　Ⅳ．①F273.1

中国版本图书馆 CIP 数据核字（2019）第 102180 号

机械工业出版社（北京市百万庄大街 22 号　邮政编码 100037）
策划编辑：林　辉　责任编辑：林　辉
责任校对：刘志文　封面设计：张　静
责任印制：常天培
北京虎彩文化传播有限公司印刷
2019 年 7 月第 1 版第 1 次印刷
169mm×239mm·9.75 印张·2 插页·189 千字
标准书号：ISBN 978-7-111-62859-0
定价：69.00 元

电话服务　　网络服务
客服电话：010-88361066　机　工　官　网：www.cmpbook.com
010-88379833　机　工　官　博：weibo.com/cmp1952
010-68326294　金　书　网：www.golden-book.com
封底无防伪标均为盗版　机工教育服务网：www.cmpedu.com

前　言

新经济时代带来新环境，也给企业带来新的挑战与新的机遇。一方面，兴盛于工业经济时代的大规模生产（MP）模式不适应性突显而面临严峻挑战；另一方面，融合“大规模”与“定制”优势的大规模定制（MC）模式也逐渐具备了生存和发展的条件。越来越多的企业从大规模生产（MP）模式转型为大规模定制（MC）模式。本书以海尔集团为例指出：尽管海尔集团在大规模生产（MP）模式下的运营是成功的，但是进入21世纪后，海尔集团也和其他企业一样面临一系列“不适应”；尽管海尔集团为了应对“不适应”，曾试图在保持大规模生产（MP）模式不变的基础上采取一些成功的措施，然而，由于这种“不适应”属于“模式问题”，海尔集团在成功背后仍存在“大隐患”。为了在新经济时代可持续发展，最终海尔集团选择了大规模定制（MC）模式。海尔集团的成功案例进一步说明，即使成功如海尔，也应该“与环境同步”进行“模式升级”，从大规模生产（MP）模式企业升级为大规模定制（MC）模式企业。时至今日，许多学者认为大规模定制（MC）模式已经替代了大规模生产（MP）模式，成为21世纪的主流企业模式。

面对多变而复杂的21世纪，大规模定制（MC）模式企业较传统企业更具柔性，也必须具有柔性。同时，大规模定制（MC）模式企业均处于激烈竞争的多变环境，比传统企业更需要“求精”，消除一切浪费，追求“零缺陷”。大规模定制（MC）模式企业只有精益求精才能持续生存。本书指出大规模定制（MC）模式企业是“柔性求新＋精益求精”的精柔型企业，大规模定制（MC）模式企业应该构建以“柔性求新＋精益求精”为基本特征的精柔型企业文化。精柔型企业文化是大规模定制（MC）模式企业提升自主创新力的重要文化路径。

基于精柔型企业文化，大规模定制（MC）模式企业应如何提升自主创新力？本书创新性地提出“精柔战术”的概念，并为大规模定制（MC）模式企业提升自主创新力提出精柔激励战术、精柔流程战术、精柔方法战术和培育精柔型创新团队的战术。这些精柔战术将为国内外大规模定制（MC）模式企业提升自主创新力提供参考。最后，本书为大规模定制（MC）模式企业构建精柔型企业文化提出一个“循序渐进”的建议。

本书由6章构成。第1章介绍从MP模式到MC模式的必然性：以海尔为例，主要应用演绎、归纳、案例、思辨等方法分析指出，新经济时代大规模定制（MC）模式必然替代工业经济时代兴盛的大规模生产（MP）模式，本书以大规模定制（MC）模式企业为研究对象，具有重要意义。第2章介绍MC模式企业：“精柔相融”的企业，主要应用文献、案例、演绎、归纳、思辨等方法分析指出，大规模定制（MC）模式企业应该是既柔性求新又精益求精的企业。第3章介绍精柔文化路径：MC企业提升自主创新力的重要路径，主要应用调研、文献、归纳、演绎、案例、思辨等方法分析指出，精柔型企业文化是大规模定制（MC）模式企业提升自主创新力的重要路径。第4章介绍MC企业提升自主创新力的精柔战术——基于精柔型企业文化，创新性地提出“精柔战术”的概念，并基于精柔型企业文化从激励、流程、方法、创新团队等方面为大规模定制（MC）模式企业提出建议。第5章介绍MC模式企业构建精柔型企业文化，大规模定制（MC）模式企业应当构建精柔型企业文化，解答了如何构建精柔型企业文化的问题。第6章为总结与展望，总结本书的研究成果并进行应用前景展望。

本书基于笔者长期的研究成果，提出了驱动现代大规模定制（MC）模式企业自主创新的有效途径——精柔型企业文化，获得国家社科基金项目（12BGL015）资助。本书提出的一些观点比较新颖，不足之处敬请谅解。

肖天明

目　　录

第 1 章

从 MP 模式到 MC 模式的必然性：以海尔为例

在人类社会发展的过程中，任何一种模式或制度都是一定历史阶段特定社会背景的产物，也都是一定历史阶段特定社会背景的牺牲品。

新经济时代的到来使企业生存的社会环境发生了巨大变化。兴盛于工业经济时代的 MP（Mass Production，大规模生产）模式渐渐无法适应新时代，新生的 MC（Mass Customization，大规模定制）模式在新经济时代的可行性、优越性以及其必然替代大规模生产（MP）模式而兴盛的趋势越来越明显。新经济压力驱动了大规模定制替代大规模生产的模式转换，这是“适者生存，不适者被淘汰”客观规律的体现。

1.1 环境变化：MP 模式企业从适应到不适应

1.1.1 新经济带来的环境变化

“新经济（New Economy）”是与农业经济、工业经济相对应的一个概念。1983 年，《时代周刊（Time Magazine）》的一篇封面文章应用“新经济”一词描述“从重工业向以技术为基础的经济的转型”[1]，这是“新经济”一词最初问世。1997 年，美国《商业周刊》杂志主编 Shepard 在《商业周刊（Business Week）》上发表文章应用“新经济”一词描述美国近年出现的高就业、低通货膨胀、股市长旺及经济较长时间持续兴盛、周期消失等新的、并非传统经济理论可以解释的宏观经济状况。Shepard 指出：“新经济是指实际 GDP 大幅度增长，公司运营利润上升，失业率低，通货膨胀率低，进出口之和占 GDP 的比例上升，GDP 增长中高科技的贡献度比重上升。[2]” Shepard 对“新经济”的定义使“新经济”的概念得到较多重视。现在“新经济”的概念在全球范围市场领域内广泛引用，有狭义和广义两种。狭义的新经济主要是指信息技术和网络经济（包括电子商务和网络公司业务等）；广义的新经济意为“以网络、知识、信息、高科技为重要组成部分和主要增长动力的经济”，是经济发展的一种新的形态或模式，综合了“网络经济（Internet Economy）”“知识经济（Knowledge Economy 或

Knowledge Based Economy)” “信息经济(Information Economy)” “数字经济(Digital Economy)”等经济概念的内涵[3]。本书引用“新经济”的广义含义。

新经济(New Economy)被称为“新经济”的重要原因,是因为“新经济”环境与传统经济环境有明显不同[4],新经济的实质是新兴的信息经济对传统的农业经济和工业经济的一场革命,是一种迥然不同于工业文明的新生产力的出现。这场经济革命的生产力基础,正是网络化的计算机技术,或者说是以网络化计算机技术为代表的信息生产力[5]。与工业经济时代环境相比较,新经济时代环境在资源基础的柔性度、企业竞争的全球化程度、信息技术的普及程度、消费者习惯的消费方式、市场性质(买方市场还是卖方市场)、市场多数产品或服务的饱和度、市场细分程度、消费者的需求倾向(需求观)、创新的需求等方面都有显著变化(见表1-1)。

表1-1 新经济时代与工业经济时代的环境比较

	新经济时代	工业经济时代
资源基础的柔性度	柔性的资源基础(以知识为核心资源,即知识型资源基础)。企业资源投入日趋“隐形化”。起主导作用的不再是金融资本而是知识资本	刚性的资源基础。以资本为核心资源
企业竞争的全球化程度	世界成为“地球村”,企业必须参与全球化的竞争,企业的竞争者林立,企业间的竞争空前激烈	大多数企业被隔离于本地域的竞争环境,不需要参与全球化的竞争
信息技术的普及程度	信息技术高度普及,几乎每个人都可以拥有计算机设备,绝大多数年轻人能熟练操作计算机基本软件	信息技术不普及,只有少数人拥有个人计算机
消费方式	随着网络技术的普及,越来越多产品或服务采用网络营销方式,电子商务普及化	绝大多数消费者只接受“实体商店”的消费方式,网络营销方式缺乏“流行”的环境条件
市场性质	过剩经济。产品或服务产量飞速增长,市场呈现明显的“供大于求”,消费者成为具有明显优势的群体	早期的工业经济时代,产品或服务产量严重不足,市场呈现明显的“供小于求”,消费者属于劣势
市场饱和度	不少产品或服务的市场已经饱和	绝大多数产品或服务的市场不饱和
市场细分程度	市场细分程度大,甚至需要细分到个人	统一的大市场
消费者的需求倾向	大多数消费者追求个性化的产品或服务,“价廉物美”的产品或服务不一定受到消费者的欢迎	大多数消费者只追求“价廉物美”,对产品或服务的个性追求较低
创新的需求	产品或服务的生命周期很短,企业迫切需要持续创新	产品或服务的生命周期长,大多数企业处于需求稳定的大市场中,创新的需求较弱

"新经济时代"，是指"20世纪90年代以来出现的以知识经济、虚拟经济和网络经济为标志的世界经济时代"[6]。从刚性的资本基础到柔性的知识基础，使新经济时代的企业竞争环境发生了本质性的变化。传统的硬件核心资源无法让企业取得持久的竞争优势，企业必须通过优化企业文化、改善经营管理理念和模式、培育创新型人才、提升创新能力等"柔性"途径才能获取持久竞争优势。同时，网络信息技术、电子计算机的广泛应用使电子商务逐渐成为新经济的"宠儿"，全世界形成一个"地球村"。无论是人才、资本、市场，还是各种产品或服务的竞争范围都扩至"全球"。信息在全球范围得到共享和交流，企业与企业之间、企业与消费者之间的"信息壁垒"最小化，信息不对称现象大幅度减少。某国一个项目要招标，招标信息可以在全球范围"广而告之"，全球相关企业都可能成为投标者；某个新产品或新服务问世，全球消费者都能快速获知，也都能拥有购买权和使用权。一直以来我们所担心的"僧多粥少""资源匮乏"等现象将更加严重[2]。企业间的竞争空前激烈化。新经济时代企业竞争环境的重要特征如图1-1所示。

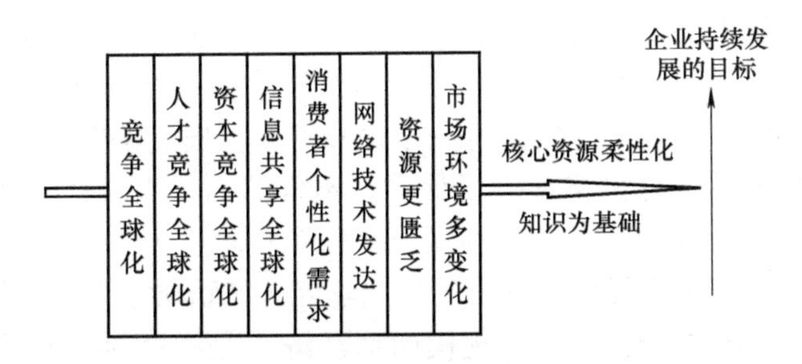

图1-1 新经济时代企业竞争环境的重要特征

1.1.2 MP模式企业在工业经济时代为什么适应

大规模生产（MP，Mass Production）模式又称为"福特模式"，最早产生于美国。1913年春，世界上第一条汽车大规模生产流水装配线在"汽车大王"亨利·福特的工厂里出现，标志着大规模生产（MP）模式的诞生。福特的大规模生产流水线带来了高效的批量流水生产作业，能够以较低的成本、较高的效率大批量生产黑色T型汽车[7]。这样的进步使福特T型汽车的单位成本大幅下降，在1914年，装配线上的工人可以用4个月的工资购买一辆黑色T型车[8]。大规模生产（MP）模式大大推动了20世纪美国经济的发展，使美国在20世纪赢得了全球经济的统治地位。该模式是20世纪大部分时间里企业竞争的前沿。

大规模生产（MP）模式的基本思想是在劳动分工的基础上，利用刚性生产流水线高效率，大批量地生产统一的标准化产品，并形成规模经济，大幅度降低产品的单位成本。其基本特征是：大批量标准化生产、规模经济、刚性生产、产前预测、先产后销、产品或服务品种较单一、产品开发周期长、产品生命周期长、依赖稳定与统一的市场环境等。马克思在《资本论》第一卷第四篇《相对剩余价值的生产》中，详细分析了社会劳动生产力的发展必须以大规模生产与协作为前提，在此基础上，“才能组织劳动的分工和结合，才能使生产资料由于大规模积聚而得到节约，才能产生那些按其物质属性来说适于共同使用的劳动资料，如机器体系等，才能使巨大的自然力为生产服务，才能使生产过程变为科学在工艺上的应用”[9]。由此可见，马克思对大规模生产（MP）模式有很高的评价，他认为大规模生产（MP）模式是近代工业发展的必由之路。

工业经济时代，大规模生产（MP）模式是一个成功的模式。第二次世界大战后，该模式在世界各国广泛传播，为工业经济时代各国经济的迅猛发展立下了汗马功劳。大规模生产（MP）模式之所以在工业经济时代如此成功，是因为它从多方面适应工业经济时代的社会环境，其适应性可归纳为以下几点：

1. “规模经济”与市场容量、“价廉”追求相适应

工业经济时代，消费者主要以“价廉物美”的商品为追求目标，低价格商品对消费者具有很大的诱惑力。大规模生产（MP）模式应用劳动分工的原理分解复杂劳动为简单劳动，采用流水线生产方式，大大提高了工作效率和产品质量；并通过标准化、满负荷的批量生产方式形成“规模经济”，大幅度降低产品的单位成本，为产品的低价格提供了保障。不言而喻，当时社会环境下这种能够为消费者提供“价廉物美”商品的模式十分受欢迎。

根据新帕尔格巴雷夫经济学辞典的权威解释，“规模经济”分为“规模内部经济”与“规模外部经济”[10]。“规模内部经济”是指“随着厂商产品产量的增加，由于规模效应，导致一定范围内产品的平均成本下降”；而“规模外部经济”则是指“由于行业规模的扩大使得个体厂商收益增加，如行业规模扩大后，由于知识外溢和整体对外营销导致个体厂商成本下降，获益增加”[10]。无论“规模内部经济”还是“规模外部经济”，其实质都是指基于扩大产品生产批量或行业规模的途径实现降低产品生产平均成本（每件产品的平均成本，即平均单件成本、单位成本）的目的。根据“规模经济”的定义，“规模”是“经济”的前提与基础，如果不能实现“规模”，就不能降低单位成本。

“足够的市场容量”是成功扩大生产批量或行业“规模”的重要保障。如果市场没有足够的容量，盲目扩大“规模”带来的不是“经济”，带来的是可怕的“积压”和“浪费”。那么工业经济时代对“单一产品”的市场容量就直接关系到大规模生产（MP）模式的“规模经济”能不能发挥作用。

工业经济时代（特别在其早期），生产设备、技术、理念、作业条件等较落后，整个社会的生产能力相当有限。“供不应求”的商品很多。在商品严重缺乏时甚至还出现凭票供应、排长队抢购的现象。在这样以卖方为中心的市场环境中，企业不仅能够拥有较稳定的营销环境，还能够拥有足以容纳其“大批量生产”的市场容量。这就是说，工业经济时代（特别在其早期）的市场对标准化商品的大批量供给有容量、有需求。单一产品较大的市场容量使大规模生产（MP）模式对单一产品的大规模、大批量的生产是可行的。大规模生产（MP）模式企业可以通过调整产品的生产规模或生产批量使其正好在生产的最优经济规模区内，从而充分发挥“规模经济”的作用，降低单位产品的生产成本，满足广大消费者对“价廉”的强烈需求。

2. “刚性生产”与“较长的产品生命周期”相适应

通常，我们将“少品种大批量、刚性流水线生产”的生产模式称为“刚性生产模式”，大规模生产（MP）模式就是采用这种生产模式[11]。在工业经济时代，由于信息沟通的不发达，市场基本上由区域分割，形成区域性大市场，大多数企业竞争压力小，产品创新的动力不足。同时，卖方市场环境下的消费者对商品的要求低，求新求异的观念淡薄，对商品需求的变化速度缓慢。因此，产品和技术生命周期长，企业感受不到用户需求变化的压力，产品与技术可以在较长时间保持不变。这对需要大笔投资建立刚性生产流水线、产品的“升级换代”需要较长时间的大规模生产（MP）模式的发展是十分有利的。

3. “先产后销”与“市场较稳定”相适应

在工业经济时代早期和中期的卖方市场环境中，生产商在市场上占主导地位。由于供不应求，大多数消费者以能买到“价廉物美”的商品为满足，不敢奢求“个性化”。生产商可以不必太多顾及消费者潜在的个性需求。在回答“生产什么”这个问题上，生产商比消费者更有决策权。大规模生产（MP）模式的先产后销方式在当时的市场环境中是理所当然的。

另一方面，由于工业经济时代需求变化缓慢、市场需求相对稳定、可预测，大规模生产（MP）模式先产后销方式所带来的原材料和产品库存也是一种十分可取的做法。在当时的卖方市场条件下，一般不会形成大量的库存积压。

4. “品种单一”与“传统消费者”相适应

工业经济时代，信息技术较落后，大量的信息必须伴随着物质通行，信息的传递速度慢、费用高，消费者获取信息不太方便。企业和消费者信息很不对称，厂商一般掌握较丰富的商品市场信息，具备商品的专业知识；而大多数消费者不具备商品的专业知识和相关市场信息。消费者在认识商品、比较商品、选择商品上比较被动。消费者的选择范围有限，对商品的要求低，对商品的需求具有单调性特征。在基本物质生活需求方面，工业经济时代大多数消费者持传统的“实用”观，基本能够满足于大规模生产（MP）模式大众化设计和生产的商品。

总之，大规模生产（MP）模式大批量、标准化、通用化、利用规模经济降低成本的生产方式正好与工业经济时代的市场环境相适应，并“因适而展”，得到普遍应用与快速发展。

1.1.3 MP模式企业在新经济时代为什么不适应

对于产品需求变化不快、消费者需求个性化不明显并乐于接受大众化的产品、产品的生命周期较长的工业经济时代，大规模生产（MP）模式确实是适应的而且也因此得到了快速发展而兴盛一时。然而，随着以网络、信息、知识和高新技术为主要特征的新经济时代的到来，企业的生存环境发生了巨变，消费者需求呈现明显个性化、多样化和主体化特征，市场细分到个人，“满足消费者需求”越来越困难；单一产品的市场容量不足；消费者需求快速变化，产品生命周期越来越短；市场变化难以预测[12]。这些新经济时代的市场特征在为大规模定制（MC，Mass Customization）模式提供发展条件的同时，也使传统的大规模生产（MP）模式失去赖以生存的条件，不适应性越来越凸显，主要表现在以下方面。

1. 单一产品市场容量无法满足“规模经济”要求

“规模经济”是大规模生产（MP）模式降低成本的重要途径。为了达到最优生产效益，大规模生产（MP）模式企业应该追求最优经济规模，使其生产规模正好处于最优经济规模区内，一种产品要生产就应该是一大批。在工业经济时代，客观环境使得大规模生产（MP）模式与规模经济可以相互促进。然而，新经济时代下原先统一的大市场高度分化，市场高度细分。所谓市场细分，就是按照消费者需求偏好、购买行为、购买习惯等方面的差异性，将整体市场划分成多个具有共同特征的子市场，并针对各目标市场的特点，进行相应产品的开发生产。新经济时代市场细分有细化到个体的倾向。每个消费者都可能有自己特殊的市场偏好。在这样的环境下，单一产品市场容量大幅度减小。市场容量是决定企业相应产品生产规模的关键性因素。新经济环境下，企业为了生存就必须适应高度细分的市场环境，高度重视“单一产品市场容量小”的事实。如果企业盲目应用“规模经济”，不顾市场容量大量生产，那么，超过市场容量的商品无法卖出，通常只能积压在仓库中，形成“规模不经济”现象。也有一些企业为了减少风险，放弃追求最优经济规模而选择小批量的生产，形成“规模经济失效”现象。一旦“规模经济”失效，大规模生产（MP）模式的“低成本”优势也不复存在。

2. 刚性生产管理方式与新经济时代“柔性”环境不适应

新经济时代，企业的核心资源柔性化。新经济与传统经济的本质区别是：传统经济以资本为核心生产要素，而新经济以知识为核心生产要素。以物本理论为基础的传统经济强调物质资源，认为土地、劳动力、资本是生产的三大要素，其中资本是推动企业成长与经济发展的核心要素。新经济时代在传统经济三大资源的基础上又加上了一个最重要的资源——知识，而资本、劳动力、土地等生产要素必须靠知识来装备和更新。另一种说法是，新经济时代知识就是资本的主要形态，起主导作用的不再是金融资本而是知识资本。

由于资源内涵的变化，传统经济中资源的稀缺性也被赋予新的涵义。传统的三大资源在数量上都是有限的，不可能取之不尽。而新经济时代的核心资源——知识和信息在使用中具有外溢性和可重复性，在使用中不仅不会减少，而且还会因为时间的持续而累计增加，可以说是取之不尽、用之不竭的资源。新经济时代下核心资源的这一特性，使得新经济时代可以在全球范围内进行资源配置。资源配置不受时空限制使许多传统企业失去了资源优势，改变传统的刚性生产与刚性管理模式是企业可持续发展的必由之路。

同时，新经济时代的市场瞬息万变、无法准确把握和预测，新生的E时代年轻人喜好变化得特别快，产品的生命周期明显在缩短。过去，玩具的生命周期是14年，现在则只有3年左右[13]。又如手机的演进，随着人们对手机的技术要求的不断提高以及移动通信技术的不断发展，手机的技术内涵在不断丰富，手机的更新换代也在高速进行着，许多手机消费者还没有来得及将自己手机里的主要功能弄明白，已经成了“上一代”产品了。可以预见在不久的将来，汽车、计算机和一些消费类电子产品的开发时间和生命周期可以用月或星期来计算，一些产品甚至可以用天来计算。

大规模生产（MP）模式采用刚性流水线生产方式，根据市场需求变化灵活调整产品品种类别的能力很差，新产品研发时间长、研发费用大，每种新产品的固定成本投资大。企业在找到了生产某种产品的最佳方案后，就尽快将生产该产品的学习曲线固定下来，通常在较长的时间内（通常4~5年，甚至更长），这种产品的加工工艺基本不变。只有这样，产品的研发费用、刚性流水线的投资费用等产前投资才能得到回收。

不言而喻，这种灵活性欠缺的生产模式要求产品有一个较长的生命周期，在工业经济社会统一而变化缓慢的市场环境下，大规模生产（MP）模式的刚性生产流水线才能有效地提高效率、降低成本。面对瞬息万变的市场，大规模生产（MP）模式难免措手不及。企业从投产决策到产品上市需要一段时间，在这段时间里市场可以发生许多让企业意想不到的事情，如主导技术彻底改变、该产品已无利可图、该产品已被市场淘汰、相关产品异军突起等。新近巨额投资建成的刚性产品生产流水线还没有收回投资就要因为意外情况而必须放弃，这是任何企业都难以承受的损失。

3. “先产后销”与新经济时代竞争环境不适应

“新经济”与计算机、网络、电子商务等信息技术密切相关，信息技术是新经济的技术基础。可以说，没有网络信息技术的高速发展，就没有“新经济”。信息技术产业是新经济的重要主体产业，信息技术等高新技术的创新、应用和扩散带动整个国民经济的发展，实现经济发展的高增长、高收入、低通货膨胀、低失业率和持续增长的目标。以美国为例，自90年代初以来，美国对信息技术和信息产业的投资一直保持在很高的水平上，投资总额是其他产业投资的十几倍。相应的，自1993年以来，由信息所带动的美国工业增长的比例高达40%以上，信息产业已成为美国经济增长的主要动力。信息产业造就了一大批快速成长的企业，它们对促进经济与就业的增长起了重要的作用。1993年，年均增长不低于20%的公司在美国有23万家，而到1997年就达到了36万家，他们为美国经济繁荣做出了显著的贡献[14]。新经济时代网络无处不在，润滑着整个社会的所有领域，使社会这部机器更加高效、通畅地运转，并获得丰厚的回报。1999年互联网给美国经济增加了5070亿美元的产值，新增230万个就业机会。网络经济已经超过了电信（3000亿美元）、民航（3550亿美元）等传统产业的规模，并且还在以68%的年增长率飞速发展。

在高度发达的网络与信息技术环境下，消费者的商品信息来源极广，对商品持“百般挑剔”态度，也有足够的能力挑剔各种商品。同时，新经济时代的市场具有明显的“买方市场”特征，市场供应超过市场需求，消费者以“上帝”自居，消费者主体化；产品生产周期很短，市场环境瞬息万变；传统的标准化产品，即使“价廉物美”也无法使消费者满意；企业处于“白热化”的竞争环境，生产资源紧缺、容不得任何浪费，所有企业都无法承受“库存积压浪费”；卖不出去的商品日益增多，许多企业被“积压商品”压垮。大规模生产模式的“先产后销”方式，经常违背“消费者上帝”的意愿，大量生产客户不需要的产品，自然无法得到消费者的“买单”，最终只能背上“积压”和库存负担，生产越多负担就越重，这些因“先产后销”带来的“积压”浪费的生产资源、仓库空间、库存费用等是“企业无法承受之重”。也有些企业试图将积压商品低价出售，在市场需求与供给不能同比例增长的情况下，供给的增加将导致价格的下跌，销售收入总量不会与供给呈比例增长，甚至出现“负利润”。改变这种“恶性循环”的根本方法只能是改“先产后销”为“先定后产”。

4. “品种单一”与新经济时代消费者个性化需求不适应

进入新经济时代，“市场有效供给不断增加，消费者在购物消费方面的自由度和选择空间达到了前所未有的高度。市场供求状况的根本改变，推动了商品市场格局由生产销售者占主导地位转向由消费者占主导地位。买方市场占主导地位的市场格局得到确立”[15]。在“供过于求”的买方市场环境下，消费者越来越“挑剔”，被尊称为“上帝”。新一代消费者主张“个性”，需求呈现“多元化”“个性化”，甚至“新异化”特征。

“品种单一”是大规模生产（MP）模式的产品特征之一。大规模生产（MP）模式一次性生产出一大批“无个性”的标准化产品，很不受现代消费者“青睐”。于是，市场上出现了一种奇特的现象：一方面，大规模生产商努力推销无人购买的大量商品；另一方面，许多消费者四处打探仍然买不到满意商品。

为了适应新经济时代的消费者对“个性”和“新、奇、特”的需求，现代企业就应该能够生产体现消费者个性与新异需求的产品；为了应对“千差万别”的消费者需求，现代企业就应该追求“千差万别”的多样化产品。然而，追求“个性”“新、奇、特”和“千差万别”的多样化产品是大规模生产（MP）模式企业无法做到的。大规模生产（MP）模式企业本质上是依赖“稳定”与“标准化”的企业，无力适应个性化、多变化的市场环境。例如，为了适应消费者的需求新特征，一些大规模生产（MP）模式企业试图在不改变原模式的基础上，加强在产品研发和生产线方面的投资，努力实现产品多样化。可是，由于大规模生产（MP）模式固有的灵活性差、产品标准化、品种变化费时费力等“刚性”特点，在大规模生产（MP）模式下实现产品多样化必然造成较高的成本。而且，多样化不等于定制，生产商根据自己意愿研制开发的新产品未必符合消费者的要求。因此，这些大规模生产（MP）模式企业就要面临刚性流水线改造或废弃难、大批量产出的推销难、产品多样化的研发难、市场预测难、降低库存积压难等“多难”困境。

1.2　MP模式企业应对“不适应”：以海尔为例

海尔集团，全称“青岛海尔股份有限公司”，创立于1984年，生产电冰箱、空调、洗衣机等家电产品，现已从一家资不抵债、濒临倒闭的集体小厂发展成为全球最大的家用电器制造商之一。海尔集团是一所融合产品创新、产品产出、进出口与经济运作于一体的大型综合性企业。从2016年全球大型家用电器品牌零售量调查报告中可以看到：海尔集团在国际市场上的产品零售量占比10.3%，位于世界第一名，同时也是2009年以来该集团连续第8次获此殊荣[16]。根据网络公开数据，海尔集团近十年收入复合增长率达到6.1%，利润复合增长率达到30.6%。利润复合增长是收入复合增长的5倍。互联网交易产生交易额2727亿元，同比增长73%。2017年年报显示，公司全年实现收入1592.54亿元，增长33.68%；实现归母净利润69.26亿元，增长37.37%[17]。现在的海尔集团已经从传统的大规模生产（MP）模式企业转型成为“以消费者为中心，借助互联网实时互联互通的功能，致力于满足消费者的个性化需求”[18]的大规模定制（MC）模式企业。海尔集团的转型、再发展很具有借鉴意义。

海尔成立之初，正值我国改革开放初期，家电的市场供应不足以满足消费者需求，市场相对统一、稳定，海尔采用传统的大规模生产（MP）模式实现规模经济，实现低成本、高效率的生产。然而，进入21世纪之后，海尔与其他企业一样感受到生存环境的“大变化”。传统的大规模生产（MP）模式越来越不能适应变化后的环境，新生的大规模定制（MC）模式在新经济时代的可行性、优越性还不能被人们普遍认识和接受。日益感受到新经济压力的大规模生产商们对于生产模式转换存在着种种疑问，因为得不到一个肯定的答复，他们的表现或谨慎或坚持。谨慎者的行动犹豫不决、举棋不定，毕竟新旧模式的转换绝不是一个小举动，它的严重性甚至关系到企业的生死存亡；坚持者面对随新经济而来的种种不适应，紧抱着“坚持大规模生产（MP）模式就是胜利”的原则在商海中苟延残喘，不曾想：错误的坚持是永远不会胜利的。在这样的过渡时期，谨慎的海尔集团既没有马上转成大规模定制（MC）模式，也没有盲目沿用传统的大规模生产（MP）模式，而是试图在保持传统大规模生产（MP）模式不变的前提下采取基于市场调研调整产量、高度重视“市场细分”、以用户为中心、高度信息化等策略进行应对。

1. 基于市场调研调整产量

面对产量大于市场容量与产品积压问题，海尔集团首先采用的应对措施并不是“先定制后生产”，而是“根据市场调整产量”。海尔集团重视市场调研，并基于客观的市场调研分析、判断市场容量。产品的产量尽量与市场容量相接近。例如，按照最初的可行性研究报告，海尔滚筒洗衣机项目产量应该达到40万台以上才能达到规模效益。然而，根据市场调研分析，海尔滚筒洗衣机的市场容量根本达不到40万台。如果盲目追求规模经济，势必有大量的滚筒洗衣机成为积压商品，造成巨大浪费。面对海尔滚筒洗衣机规模生产容量与市场容量的矛盾，海尔集团不得不放弃了生产“规模”，把40万台的“规模经济产量”改成了10万台，力求“产量符合市场容量”，避免“积压浪费”，减轻企业的库存压力。

2. 高度重视“市场细分”

海尔的科研开发和市场销售人员将“市场细分”归结为款式细分、阶层细分、外销细分和地域细分四类。款式可细分为欧洲风格、亚洲风格和美洲风格，欧洲风格的冰箱的特征是严谨，以方门、白色表现；亚洲风格以淡雅为主，用圆弧门、圆角门、彩色花纹钢板来体现；美洲风格则突出华贵，以宽体流线造型出现。按阶层细分，可分为白领、蓝领，白领喜爱分体式、中小容量、外观典雅的冰箱；蓝领则要大中容量、豪华的外观。外销风格可细分为发达国家和发展中国家，发达国家如美国、德国、日本、法国、澳大利亚等，发展中国家如阿根廷、伊朗、越南、巴拿马等。例如，中东国家10口人以上的家庭多，海尔就在当地推出500升大容量冰箱和9公斤大容量洗衣机。按气候带或地域细分，可以分为北方和南方、城市和农村等。北方需要大冷冻能力冰箱，如直冷冰箱和单冷冰箱；南方需要宽气候带冰箱和冷热空调；农村需要宽气候带冰箱和双缸洗衣机；沿海则需要无霜冰箱和带烘干的洗衣机[19]。

3. 关注员工，以用户为中心

海尔集团董事局主席、首席执行官张瑞敏带领海尔创新创业 33 年，始终围绕“人的价值第一”这条主线[20]。张瑞敏尊重员工，认为员工价值、客户需求高于一切。海尔集团明确提出了“用户永远是对的”的经营理念，率先实施“满足市场需求战略”，成为中国超前跨入服务竞争时代的工业企业。张瑞敏说：“以前企业在发展过程中最值钱的是资本，谁的资本大谁把别人吃掉，后来是技术，现在是用户资源。谁拥有用户资源，自然有人找上门来跟你合作，关键是你够不够强。[19]”

海尔在注重用户资源方面也有许多创新。例如，国内首次承认“消费者不会用冰箱是我们的说明书没写好，而说明书没写好是我们的责任”；在国内首开“企业售后服务人员坐飞机”之先河，让维修人员乘飞机上门（如去厦门）为用户服务；在国内企业上门服务时用户普遍请吃请喝的环境里，首次实施“上门服务不喝水”制度等。

4. 高度信息化

海尔认为，赢得市场的关键在于速度，为了要达到电子商务所要求的速度。他们果断地对企业组织结构进行了革命性变革，摒弃了传统直线职能式“金字塔”的管理组织形式，把市场链的理论和信息化手段结合起来，依托 ERP 系统进行组织流程再造，以订单信息流为中心，带动物流、资金流，使研发、供应、生产、仓储、运输、销售各个环节直接面对市场，几乎在同一时间即可响应客户的需求、形成端对端、零距离管理模式，可以在一个月、十几天、甚至十几小时提供新的不同复杂变化程度客户需求的产品，从而赢得了市场。目前海尔通过网络系统进行全球资源整合，实现了全球化采购、全球化设计、全球化销售，国际级供应商达到 71.3%，其中 80% 以上直接参与海尔产品设计；在 160 多个国家建立了近 4000 个营销网点，出口创汇平均每年增长 95.6% 以上[21]。

根据上述分析，海尔集团为了应对环境变化，采用了一系列应对策略。这些策略在一定程度上能够适应新经济环境，也在一定程度上促进了海尔集团的成功。然而，在传统的大规模生产（MP）模式下，海尔集团的成功背后，事实上存在着关系到“生死存亡”的“大隐患”。例如，海尔“滚筒洗衣机”案例中，海尔为了适应市场容量，不得不放弃了最佳规模，导致大规模生产（MP）模式的“规模经济”优势不能获得充分发挥。除海尔之外，很多企业也都存在类似现象，以丧失“规模经济”为代价迎合市场容量。这种现象带来的直接影响是失去价格优势。对于海尔集团而言，以其强大的“品牌”优势，尚可暂时应对“小幅度提价”。然而，其他大多数企业的“小幅度提价”就可能导致“商品积压”，长期卖不出商品的企业无法在市场上立足。即使知名如海尔集团，若长期不能实现成本优势，也必将灭亡。在新环境中解决新问题的根本之策，是将传统的大规模生产（MP）模式升级为大规模定制（MC）模式。

1.3 MC模式：海尔可持续发展的必然选择

1.3.1 MC模式：能够为客户创造“惊喜”的模式

“未来的社会将要提供的并不是有限的、标准化的商品和服务，而是多样化、非标准化的商品和服务”[22]，这是美国未来学家Alvin Toffler从技术发展的角度在《Future Shock》一书中提出的大规模定制（MC）的最初设想。“大规模定制（Mass Customization，也可翻译成‘大批量定制’）”一词最早出现在Stanley Davis的著作《未来理想（Future Perfect）》[23]中，Stanley Davis是最早给大规模定制（MC）下简单定义的学者。Pine II[24]引入案例对大规模定制（MC）的概念作了首次系统的论述。综观国内外学者对“大规模定制（Mass Customization）”的定义，可分为广义和狭义两大类。Davis[23,26]、Pine II[24,25]等给大规模定制（MC）下了广义、较抽象的定义，引入哲学矛盾论等理论，认为“大规模”和“定制”是对立统一的，基于新时代的市场分析，建议通过柔性、集成、高度灵活的流程，实现为每个客户提供个性化产品或服务的能力。大规模定制（MC）的狭义定义并不偏离其广义定义的核心内涵，但更具体和实际些。Kay[27]等众多学者提出了大规模定制（MC）的狭义定义，认为大规模定制（MC）是通过利用信息技术、过程重组、产品重组、结构重组等手段实现个别化定制产品和服务的批量生产，能够以近似于大规模生产的成本和速度，为客户提供高度多样化、个性化的定制产品和服务，集供应商、生产商、销售商、客户等为一体的生产模式和生产管理系统。现在我们普遍根据大规模定制（MC）狭义定义，认为大规模定制（MC）是一个系统的概念，贯穿了从产品开发、原料供应、生产制造到销售等全过程。

MC（Mass Customization，大规模定制）模式是农业经济时代、工业经济时代人们不敢想象的“低成本定制”模式，也是在经历了约一个世纪的MP（Mass Production，大规模生产）模式之后逐渐兴起的又一种生产管理新模式。MC（Mass Customization，大规模定制）模式是集供应商、生产商、销售商、客户等为一体的生产模式和生产管理系统[27-31]，具有“先定制再生产”、大规模与定制相结合、最大限度地满足客户定制需求等基本特征，其基本思想除应用于制造业之外，还可被其他行业模仿套用。

Stanley Davis在专著《Future Perfect》中明确指出："一般说来，与其竞争对手相比，一个企业越能在大规模基础上提供定制化的产品，就越能获得更大的竞争优势。[23]"与大规模生产（MP）模式相比较，大规模定制（MC）模式更能给客户或消费者带来"惊喜"，其根本原因是大规模定制（MC）模式融合了"大规模"与"定制"的优势。

传统的大规模生产（MP）模式下，企业尽管可以通过"大规模"的规模经济效应获得低成本，但却难以做到"为个体定制"；而"定制"模式虽做到了"为个体定制"，却无法实现规模经济，单位产品的成本太高，难以被大众普遍接受。只有大规模定制（MC）模式，才能实现"鱼和熊掌兼得"。一方面，大规模定制（MC）模式利用现代网络技术集全球之力实现"大规模"，实现了聚集规模经济与"模块化"大规模生产的规模经济，降低生产成本；另一方面，大规模定制（MC）模式具有"定制"模式的优点，成功认识并满足客户多样化、个性化的需求，根据客户的特定需求定制产品，能够为客户专门生产或提供特别适合他们的独一无二的商品或服务，可最大限度满足消费者需求、提高消费者满意度。

根据大规模定制（MC）模式研究前辈们的观点[24-26,32]，大规模定制（MC）模式能够以大规模生产的成本和速度，为客户提供高度多样化、个性化产品或服务，实现了"大规模的'低成本'优势与定制的'个性'优势兼得"，是一种"能够给客户带来惊喜"[13]的生产管理模式。

客户是企业的利润之源、生存之基，追求客户满意是企业拥有客户、留住客户、吸引客户的关键。美国管理协会1998年出版的题为《质量测定与高效运作》的报告，总结了那些提供最佳产品和服务的企业的成功经验，指出"顾客增加值现已成为世界一流公司的竞赛名称"[19]。大规模定制（MC）模式特别有利于企业建立牢固持久的客户关系，帮助企业得到"永远留住客户"的能力。一项由"技术的援助资源项目（Technical Assistance Resource Project）"为美国消费者事务局（U. S. Office of Consumer Affairs）所做的研究表明，获得新客户的费用比留住老客户的费用高出5倍[33]。大规模定制（MC）模式将使企业节省大量争取新客户的成本。这又使大规模定制（MC）模式具有额外的竞争优势。唐·佩珀（Don Peppers）和马撒·罗杰斯（Martha Rogers）将大规模定制称为一对一的模式，它是企业获取联系的基础。在当今激烈竞争的环境下，企业与客户持久良好的联系可能是一个企业最有价值的财产。约瑟夫·派恩二世在《哈佛商业评论》发表了关于如何永远留住客户的文章，文章的结论是，通过与客户的合作，大规模定制（MC）模式企业能够与客户建立一种"获取联系（Learning Relationships）"，"在获取联系中，企业越来越多地了解各个客户的偏好和需求，使企业占有巨大的竞争优势。企业了解客户的内容越多，就越能够更准确地提供客户所想要的产品，其竞争对手就越难将这些客户拉走。”[34]

1.3.2 新经济环境为什么能实现MC模式

“定制”模式的“高价值”来源于其最大限度满足消费者需求的功能。工业经济时代之前，“定制”模式就已经在手工业中出现。然而，在缺乏网络技术和现代高新技术支撑的社会环境下，“定制”模式尽管具有“满足个性需求”的优势，但其劣势也很明显：其一，生产的规模很小，不能实现“规模经济”，生产成本居高不下，定制产品或服务高于一般消费者的消费能力，推广困难；其二，生产技术落后，主要依赖手工操作，生产效率极其低下，难以满足消费者对“速度”的要求。

那么，在新经济环境下，“定制”为什么可以实现“大规模”呢？究其主要原因，可归纳为以下几个方面：

1）新经济时代下网络信息技术能普及到全球的每个家庭，多数消费者接受了电子商务、网络营销、微商等“网营”模式，越来越多消费者认为网络购物比上实体店购物更方便快捷。在这种环境下，大规模定制（MC）模式企业的网络订单可以聚集全球的“共同爱好者”，实现“聚集规模经济”。Kuttner（1998）曾指出，Internet是一个近乎完美的市场。互联网学会曾估计在2000年有187台主机在全球互相联系，在2004年和2006年间，用户可达10亿，在2007年有10亿台计算机（个人计算机和手提计算机）上网。信息技术正在创造一个全球神经系统[35]。发达的全球信息网络使网络营销成为可能，这种省却中间销售环节的网络营销方式不仅拉近了客户与产商之间的距离，方便客户随时查询和质疑，企业能及时反馈客户信息并及时更新产品和调整价格；而且能节省中间销售环节的各项费用，降低销售成本。例如：美国德尔计算机公司通过电话和互联网得到客户的直接订货，并在7个工作日之内按客户要求交付产品。这种没有制造商、经销商与零售商之别的经营模式正在缩减产品到客户的中间环节，缩短供求之间的距离，大大减少资源消耗，该公司表现出比电脑业界平均水平高3~4倍的发展速度。

2）在互联网、大数据、计算机辅助高科技、人工智能（如机器人）、智能工艺、人工神经网络技术、模糊控制技术、专家系统及智能传感器技术、柔性云定制平台、智能化柔性高效生产线等支撑、支持下，生产过程在电脑控制下灵活敏捷，即使诸如装配线这样手工操作程度极高的作业过程也在自动配件选择系统和材料操纵系统等支持下有了极高的信息处理成分。企业可以根据订单需求快速、低成本地产出独一无二的个性化产品，使小批量、多品种的生产同样可以实现高效率、低成本。例如，走进海尔空调胶州互联工厂的生产车间，可见一个个机器人将外壳、核心部件从生产线上取下来，快速放到自动配送托盘；在物流智能配送线上，无人操控的自动运输小车来回穿梭，智能定位不同的运输地点，这批货发往北京、广州还是上海分分钟自动搞定……从一个工序的无人，再到一个车间的无人，再到整个工厂的自动化，最后再到整个互联工厂，这种智能化的生产流程，完全颠覆了传统的制造模式[36]。又如，海尔集团推出的“COSMOPlat（用户全流程参与体验的工业互联网平台）”可以实现大规模生产（MP）模式向大规模定制（MC）模式的转型，重塑产业价值链和生态链，赋能企业、用户、资源方等，构建共创共赢的制造业新生态体系。海尔集团相关负责人表示：“作为一个开放的多边交互共创共享生态平台，海尔COSMOPlat以用户体验为中心的大规模定制（MC）模式，可跨行业、跨领域、跨文化复制，是具有全球普适性的工业互联网平台。[37]”再如，“C2M针织鞋服大规模柔性云定制平台”项目通过数据采集、信息交互、在线交易、智能工艺，自动化生产等手段改造传统生产模式，将设计、生产、营销以及供应商等各大系统进行连接，整合终端销售商、设计师、智能代工厂、原料供应商、物流配送服务方、支付结算服务提供方等，实现全产业链的分工协同及众包设计、智能生产供应管理、可追溯订单交付、大规模个性化柔性定制的全流程服务，打造共赢共生、各取所需的针织毛衫行业全产业链C2M、C2B2C生态共赢系统[38]。再如，汽车生产的智能工厂。集成ERP系统、MES系统等的智能化柔性高效生产线可以促成支持汽车大规模定制（MC）生产的智能工厂[39]：通过建立完整的数字化工厂，可以实现三维车间、立体生产线、产品仿真、工艺仿真、离线编程、虚拟调试、虚拟装配等技术的应用，大幅度缩短产品开发和规划周期、减少设计变更、降低投资成本；通过建立智能MES系统，可以使其和工业以太网和PLC（可编程逻辑控制器，Programmable Logic Controller）等系统的整合、优化与互通，实现自动化和信息化的深度融合，达到订单、计划、物料、设备、能源、物流、质量系统的柔性自动化透明化执行，从而提高效率，减少浪费；通过建立智能化柔性生产线，应用工业机器人、自动化输送线、自动测量、自动检测、自动识别、远程监控、自动维护、AGV（自动导引运输车，Automated Guided Vehicle）、RFID（无线射频识别，Radio Frequency Identification）等先进技术，突破工艺制造难点，可以既降低综合制造成本，又提高生产效率和汽车产品质量[39]。

3）网络技术带来的全球化不仅使企业可以低成本地把营销范围扩大到全球，建立了全球商业网络，企业可以在全球范围内进行资源的优化配置，降低资源的使用成本；而且通过信息极其广泛而快捷的流动，提高了客户管理、定制的质量与效率。计算机能自动从客户选择窗中收集客户订单，并自动进行订单信息的分类归总和处理，将订单信息分解为各种组件、各种零部件及整机装配等各种生产指令或采购订单，再通过网络将这些生产指令或采购订单快速传递给各地工厂或相应的供应商和加工商，他们将根据这些指令或订单组织生产或供货。例如，海尔物流中心接到一笔空调订单，而几乎就在同一时刻，海尔集团还有6000多台计算机也同时获得了相关信息，而与此订单相关的生产部门、供应商和加工商也会在同时接到相关的生产信息或订单信息。而且，海尔的计算机网络和世界各地供货商的计算机实现了联网，无论是供应化学原料的德国巴斯夫公司、供应钢板的日本新日铁公司、韩国浦项公司，还是国内的分供商，都可以随时从网上看到本企业在海尔供货的库存、付账情况，可以按照合同额自动补料[40]。这整个过程变得高效而经济。

4）新经济、大数据时代，快速、便捷的数字信息通道有效优化企业技术创新环境。面对客户“一对一”的定制需求，企业有更强大的创新应对能力。周文辉等[41]指出大规模定制（MC）企业可以借助“数字化”促进企业技术创新，其研究发现并指出：“①数字技术分别提高员工能力并授予顾客权力、授予员工权力并完善顾客权力、激发员工潜力并扩展顾客权力；②赋能主体依次提升分析能力、连接能力、智力能力构成的数字化能力，快速响应不断变化的环境和业务需求；③数字化能力的提升帮助个性化需求的准确获取、有效传递、高效满足，进而促进企业前端个性化需求挖掘与后端个性化需求实现，推动实现大规模定制。[41]”此外，新经济的“数字化”“信息化”也促进了企业间形成战略联盟，促进技术创新的“多企协作”。企业间通过数字化信息系统建立“准时化”的快速响应“互动”联盟，在知识、信息、人才、资金、物质等方面互相协助，取长补短、优势互补、互通有无，降低技术创新、产品开发的成本，提高技术创新效率与质量，实现“多赢”格局。

5）柔性理论的发展促使大规模定制（MC）模式实现“渐进式创新”，新产品或新服务的开发周期、开发成本大幅度降低。进入21世纪后，柔性理论得到高度重视与发展。柔性生产体系、柔性思维、柔性管理、柔性战略、“模块化”柔性组装等“柔系统”“柔思维”“柔理念”“柔生产”“柔创新”模式的理论研究与实践都有了很大程度的发展，为大规模定制（MC）模式企业的创新发展发展奠定了重要基础。与大规模生产（MP）模式的突破性创新不同，大规模定制（MC）模式以渐进式创新为中心。刘和东和徐亚萍[42]参考Leifer R等[43]的观点，指出“突破性创新是对以往技术轨道的突破，最终能够形成全新的产品、工艺以及商业形式，并且在实现的过程中需要有全新的理念和技术或者能够使成本得到大幅度的下降”[42]。大规模生产（MP）模式的创新形式以突破性创新为主，一般需要通过一段较长时间的科研开发，突破旧技术，才能产生新技术成果。在这个过程中，新经济时代快速变化的市场早就有了新的需求变化，新成果诞生之后已无用武之地。而大规模定制（MC）模式的渐进性创新则追求“在日常生产中持续创新”，新产品开发周期与开发成本显著下降。以松下自行车工业公司（National Bicycle Industrial Company，NBIC）为例：1992年，作为日本第二大自行车制造商，松下自行车工业公司是一家大规模生产（MP）模式与大规模定制（MC）模式并存的公司。松下自行车工业公司的大规模生产（MP）模式工厂的生产品种较单一，但其大规模定制（MC）模式工厂几乎可以低成本地为客户提供无数种颜色的自行车。在产品升级方面，松下自行车工业公司的大规模定制（MC）模式工厂比其大规模生产（MP）模式工厂明显提效。在松下自行车工业公司的大规模定制（MC）模式工厂里，产品的开发并不是全面的更新换代，而是根据时代需求更改落后的模块，一般只有几个模块需要更改，这些新模块与旧模块重新组合，就能够形成新的与时代同步的产品。此外，松下自行车工业公司还将原应用于大规模生产（MP）模式中的喷漆机器人稍加改动后应用于大规模定制（MC）模式工厂中。由于大规模定制（MC）工厂是由每位顾客的特定需求驱动的（基于顾客的身体测量和偏好），因此每辆自行车的车架和前叉必须经过严格核对以确保与特定顾客的特定需求一一对应。为此松下自行车工业公司的工程师、技工以及管理人员开发研制出一种三维自动测量仪来执行这一核对检验任务，从而减少了整个流程所需要的时间。这种仪器现已应用于大规模定制（MC）工厂的质量控制与检验。此外，松下自行车工业公司大量自主开发了大规模定制（MC）工厂运作所需要的先进信息和计算机辅助制造系统软件[44]。这些自主研发工作充分应用了柔性理论和“渐进式创新”原理，实现了高效创新。

6）新经济时代新消费观的兴起提供了良好的发展契机。新经济时代，随着消费者生活水平的提高，一种新的消费观正悄然兴起：消费者购买的是得到个人认定的商品价值，而商品的效用在消费者对商品价值的认定过程中起到重要作用。商品的效用具有较大的主观性，同样的商品可以对不同的消费者产生不同的效用，每一个消费者可以根据其与众不同的喜好来判断商品的效用。消费者会因为某个商品对自己的高效用而认定商品为高价值，并愿意支付更多的金钱来购买。在新消费观的影响下，消费者必然产生与前不同的消费行为。许多“价廉物美”的商品被积压在仓库中，企业哀叹低成本、高质量仍然抓不住消费者的心。最大限度地满足消费者的需求是企业生存和发展的关键。而事实上只有采取定制的方式才能让消费者的需求得到最大程度的满足。这种新消费观的兴起显然有利于大规模定制（MC）模式的产生和发展。

现在，大规模定制（MC）的例子已比比皆是。摩托罗拉公司、丰田汽车公司、戴尔公司等都是大规模定制（MC）模式的先驱。以戴尔公司为例。大规模定制（MC）模式给戴尔公司带来的不仅是“个性化”的计算机，还有“速度”！戴尔公司自豪表态：“每台计算机都是按订货生产，但从打电话到装上车只需要36个小时。[45]”除了上述“先驱”企业，现代大规模定制（MC）模式企业层出不穷，我国大量企业已成功“转型”为大规模定制（MC）模式企业。无论是计算机生产企业、手机生产企业、汽车生产企业、服装生产行业、日用品生产企业，还是钢铁企业、建筑企业，都实现了大规模定制（MC）模式。以我国的宝山钢铁股份有限公司、南京钢铁股份有限公司等钢铁企业为例。个性化定制与规模化生产的矛盾在钢铁行业同样存在，宝钢、南钢等钢铁企业聚焦需求，积极探索大规模个性化定制的 高质量发展模式，做到了：①重“创新”，探索个性化定制生产模式；②重“协调”，共创上下游相关产业生态圈；③重“绿色”，推动行业健康可持续发展；④重“开放”，开辟钢铁行业“蓝海”航线[46]。再以建筑业为例。现代建筑业已走入“建筑工业化”时代，建筑产品的“标准构件”可以在工厂中“大规模”生产，然后运输到工地进行“个性化”装配。不仅如此，现代“3D”打印技术也是建筑业大规模定制（MC）的“得力助手”[47]。

事实上，当前人们的日常生活中就有许多简单、常见的大规模定制（MC）实例。如张三到眼镜城配眼镜，经验光，张三的左眼近视300度、老视150度、散光，右眼近视700度、老视100度、不散光；另外，张三经常用电脑与手机看视频，需要“防蓝光”眼镜片。如果眼镜门店销售已经配置好的眼镜，则难以完全满足张三的个性化要求。只有根据张三的要求，在眼镜组件“模块化”大规模生产的基础上实施个性化的快速“组装”定制，才能让张三完全满意。在这个过程中，“大规模”与“定制”缺一不可。如果没有相关组件的“模块化”大规模生产，就不能降低眼镜的成本；如果没有个性化“定制”，就不能根据张三的要求提供个性化的产品。

总之，新经济特定的时代背景使“低成本定制”成为可能，克服了传统“定制”模式难以解决的“高成本”问题，为大规模定制（MC）模式的产生和发展奠定了良好的基础；而新经济时代新消费观的兴起又为大规模定制（MC）模式的发展提供了良好的发展契机。新经济时代大规模定制（MC）模式的实现具备了充分的可能性。

1.3.3 海尔的选择：从MP模式到MC模式

根据上文分析，在大规模生产（MP）模式下，海尔的生产经营算是成功的，面对新经济时代的环境变化，海尔也采取了一些促进企业成功的措施，却不可避免可能“致命”的隐患问题。试想，如果海尔坚持传统的大规模生产（MP）模式，一次性、大批量生产“有限多元化”的产品。尽管质量有保证，但还是有很多客户不太满意“无个性”的产品。不少产品生产出来后，就可能被积压在仓库中，不但增加企业的库存负担，而且造成大量的浪费。若此时有另外一家生产家电的大规模定制（MC）模式企业，基于模式的先进性，有能力根据客户定制提供质量可靠且更有个性特征的产品，海尔的许多老客户可能就会失去对海尔的忠诚。到时候，就连海尔集团这样成功的企业也难保市场份额。实现大规模定制（MC）模式，充分利用海尔在产品创新上的优势，用更低的价格去更充分地满足客户的需求，是海尔可持续发展的必由之路。海尔的首席执行官张瑞敏在国外考察中访问了欧宝汽车公司，该公司有一条1.6公里的柔性生产装配线，每天有1500辆按客户订单定制的汽车从这条流水线上下来，在这1500辆汽车中很难找到两辆完全相同的车！同一条流水线上生产的汽车，有的是白色的、有的是红色的、有的是蓝色的……五颜六色，应有尽有。而且这些汽车的内部配置还不同，这辆车的音响是索尼的，那辆车的却是CE的。这些形色各异的汽车在流水线上实现快速高效的生产，欧宝的机器人自动焊接，8秒钟可以根据客户订单组装合成一个新的型号。看到这样神奇的柔性生产流水线，张瑞敏感到了海尔的差距，并感叹道：这才是真正的新经济![48]大规模生产（MP）模式下的海尔就算有再强的创新意识、再顽强不屈的斗志、再繁多的产品型号类别，也只能是通过市场预测尽可能地满足客户的潜在需求，客户在产品选择上是被动的，产品不可能让客户100%满意；更不用说预测失误风险、高昂的开发费用、昂贵的产品多样化等给公司和客户增加的额外经济负担了。而欧宝汽车公司的大规模定制（MC）模式能够让客户主动选择商品的配置，客户在功能配置上还可以加上“特殊的需求”，新产品出产快捷经济，客户不用花冤枉钱就可以得到质量保证、功能可心的产品。二者比较，海尔公司怎么能不认识到自身的差距?![19,40,49]

海尔集团的可贵之处就在于：及时发现差距，及时探索新模式的可行性与优越性，并及时转型。在新经济时代环境下推行大规模定制（MC）模式，海尔集团有清醒的认识。海尔的一位高层管理者杨绵绵说：“我们这种定制模式若是定位在某一地方就肯定不行了，因为成本太大了，我们是着眼于全球市场，这样需求就大大地增加，成本就大大地降低。一般来讲，每一种个性化的产品如产量能达到3万台，一个企业就能保证盈亏平衡，而事实上海尔的每一种个性化的产品的产量都能达到3万台以上。成本平摊下来，商家和消费者所得到的产品价格的增长是很微小的。”[19]

现在海尔集团已经发展为成功的大规模定制（MC）模式企业。以海尔空调胶州互联工厂为例。江宏和任芳指出：“如果说海尔用30多年时间为中国成功贡献了一个全球品牌，那么现在海尔正在构建新的工业模式——海尔大规模定制模式，致力于为全球制造业转型升级输出‘中国模式’。而互联工厂就是 海尔探索新一代制造的重要实践。”[50]作为世界互联网工业大会与全国消费品工业智能制造现场交流会确定的“智造2025”典范，海尔空调胶州互联工厂将订单管理、定制技术与定制质效做到极致。在订单管理方面，海尔空调胶州互联工厂实现了消费者与工厂的直接对接，用户订单信息第一时间直达工厂，直接到达相关的线体、机台。

在海尔空调胶州互联工厂生产车间的 LED 大屏上，清晰、明确、逐条显示订单号、机型、订单数和完成数。对用户来说，每一笔订单实时可视，对工厂来说，每个问题都可以提前预警，信息到人。根据海尔空调胶州互联工厂负责人的介绍，每个订单都有唯一的身份识别码，通过识别码可以对生产全过程进行实时追踪，用户可以通过短信或者手机 APP 实现全流程可视，就像查询快递状态一样。互联空中输送系统会根据识别码把所需配件自动运送到工位。传统工厂是串联式，各个工序线性排列，而互联工厂则是并联式，一个订单下单排产完成后，生产线上的各个环节同步到达，相互协调，任何一个环节出现异常系统都会自动报警。在定制技术方面，海尔空调胶州互联工厂生产车间全部采用目前世界上最先进、自动化程度最高的空调整机生产线，以模块化立体布局设计，共分为两器智造区域、智慧物流区域、外机智造区域、智能互联实验区域、内机智造区域、智能立体库 6 大智慧智造区域，贯穿以先进的信息化系统，实现了虚拟制造与实体制造的有效结合，同时全工序以用户订单信息驱动互联，全过程透明化、无缝化、可视化，真正实现了互联网工业将用户的个性化需求与智能制造相结合的本质变革，成为引领行业的领先实践者。同时，胶州互联工厂通过搭建信息化系统实现了工厂运营状况的透明化，现场 1.2 万个传感器，每秒钟采集 1.5 万条信息，每天产生 3.2G 的数据。在定制质效方面，海尔空调胶州互联工厂是全球品质最优，效率、柔性、科技水平最高；节能环保的智能互联工厂，共有 40 项创新亮点，其中全球首创 14 项，行业引领 13 项。[36]

海尔家电产业集团副总裁说：“从大规模生产到大规模定制有大不同，一个是以企业为中心，一个是以用户体验为中心。”[51]在“供”明显过于“求”、企业间“白热化”竞争、“客户是上帝”、市场细分到“一对一”[52]的新经济时代，所有企业都必须以“一对一”的定制态度满足“以客户体验为中心”的要求[53]。作为一种能够降低成本的定制模式，大规模定制（MC）模式理当受到广大企业与消费者的欢迎。从大规模生产（MP）模式下成功的海尔逐步转向大规模定制（MC）模式的实例中，我们可以得到启示：海尔是一家具有先进经营理念、先进管理方法和领先技术的国内成功企业，在大规模生产模式下海尔取得了巨大的成功。但就是这样的企业都不可避免地遭受新经济的冲击，感受到大规模生产（MP）模式成功背后的种种隐患，认识到用大规模定制（MC）模式替代大规模生产（MP）模式的必要性，并不惜大力投资逐步实现大规模定制（MC）模式。而我们许多企业，在大规模生产（MP）模式下经营得不如海尔成功，面对新经济时代大规模生产（MP）模式带来的种种弊端，却不知从生产模式上寻找问题的根源，固守已被时代淘汰的生产模式，结果自然可想而知。从中，我们可以看到新经济时代大规模定制（MC）模式替代大规模生产（MP）模式的必要性。[54]

1.4　本章小结

阿尔弗雷德·马歇尔认为，企业的生长犹如有生命的动物与植物，在初生阶段，可以获得足够的营养。但是这种状况不可能永远地发展下去。当企业长成一棵大树，其活力也将枯竭，大企业就会死去，新的生命就会诞生。这句话对于生产模式的发展也同样适用。按照自然的规律，任何事物都有一个生命周期，而环境变化往往是事物变化的主要驱动力[55]。

人类从工业经济时代走向新经济时代，企业的竞争环境有了很大的变化，兴盛于工业经济时代的大规模生产模式不适应性突显。“适者生存，不适者被淘汰”，当一种模式已不能适应社会环境时，企业仍旧因为怀旧或惰性不愿革新是一种不明智的做法，我们不希望曾经兴盛的事物走向衰亡，但又不可避免地要接受事物的衰亡过程。

许多大规模生产（MC）模式企业认为：只要客户不表达消极或反对的意见就是对本企业的产品感到满意。要知道，许多客户在无处选择时，怀着将就的心态，购买不能让自己特别满意的商品。当这些客户遇到大规模定制（MC）模式企业后，他们会发现花差不多的钱就可以买到更满意的商品，那么，采用大规模定制模（MC）式的企业就是他们的新选择[56-57]。

大规模定制（MC）模式是为适应新经济时代特殊的消费环境而逐渐发展起来的，其较传统的大规模生产（MP）模式的优势其实可以归纳为其对新经济环境的适应性，这也是大规模生产（MP）模式无法比拟的优越性。虽然从大规模生产（MP）模式转向大规模定制（MC）模式不可避免地需要企业增大投资，但大规模定制（MC）模式在新经济环境下良好的适应性和可行性所带来的经济效益足以弥补这些前期投资。而且对于大多数企业来说，实现大规模定制（MC）模式是其必行之举，这是企业适应社会环境的需要，也是企业可持续发展的需要，否则就会造成产品大量过剩、频频价格战、库存激增、大量浪费、渐失竞争优势、生存困难等恶果。

当然初生的大规模定制（MC）模式和任何新生事物一样，也会给人们带来一些困惑，例如：不习惯在网络上定制商品，对大规模定制（MC）模式下的新购买方式不适应或抱怀疑态度等。但总会有一部分先行者为了更大程度地满足自身对商品独特的个性化需求而甘愿冒点风险在网上定制商品。当这部分先行者的愿望得到满足之后，后来者就会紧随而上，网络诚信将逐步提高[58]。同时，随着信息技术的发展和全民素质的普遍提高，网络走入家家户户，男女老幼利用网络定制商品不会再有技术困难。此外，厂商的努力对于网络诚信的提高不可忽视，例如，戴尔公司的网站就是十分讲究网络诚信的网站，一进入戴尔网站就会问顾客是属于哪种类型的消费者，以便提供不同的解决方案。从网络的安全性讲，戴尔公司一方面向顾客宣传公司的确有足够的能力保障网上交易的安全性，另一方面把公司的具体做法开列出来，让顾客可以更清楚地了解，以便看过之后能够“和戴尔公司一样对交易和个人信息的安全性充满信心”[45]。客户的良好口碑效应对大规模定制（MC）模式是很有利的[59]。一旦有一些客户因为对大规模定制（MC）模式的产品特别满意，他们就很可能会把这个消息告诉他们的亲朋好友们。这样，一传十、十传百，大规模定制（MC）模式的客户队伍就会越来越壮大。如此，大规模定制（MC）模式初生时所带给消费者的困惑将逐渐解除，消费者将发现原来网上定制商品是多么方便、实惠和经济，原先需要亲临商场面对面选购的购买方式将逐渐被淘汰。

因此，新经济时代大规模定制（MC）模式替代大规模生产（MP）模式而兴盛是必然的[60-62]。我国政府对大规模定制（MC）模式的肯定态度是明确的。自2016年“政府工作报告”首度提及后，“大规模个性化定制”多次出现在党和政府的重要文件中，并且被列入“中国制造2025”九项战略任务和重点之中。大力发展大规模定制（MC）模式，是我国企业适应新经济、与国际接轨、获取持续竞争优势的重要路径。[63]当然，正如在工业经济时代大规模生产（MP）模式明显占据主导地位的情况下，仍然存在小部分企业采用定制模式一样，虽然大规模定制（MC）模式替代大规模生产（MP）模式而兴盛是一个必然的趋势，是社会发展的必然结果，但并不是说所有行业所有企业都应该不容置疑地采用大规模定制（MC）生产模式，我们应明确，由于企业的自身条件和外界具体环境的不同，对大规模定制（MC）模式的适用性和迫切性将有所不同。上文分析的只是一个普遍的生产模式发展趋势，目光远大的企业应该在明确此大趋势的前提下结合自身条件和内外具体环境，采取最适宜的生产模式。

参考文献

[1] CHARLES P，ALEXANDER C P. The New Economy［J］. Time Magazine，1983，121（22）：62-70.

[2] STEPHEN B S. The New Economy：What It Really Means［J］. Business Week，1997，17（11）：38-40.

[3] 李晓华．“新经济”与产业的颠覆性变革［J］．财经问题研究，2018（3）：3-13.

[4] 吴楠．“新经济”背景下提升我国科技创新能力研究［J］．农家参谋，2019（3）：220-221.
[5] 张昌彩．新经济［J］．宏观经济管理，2000（6）：37-55.
[6] 苏洪林，肖传亮．新经济时代背景下民营企业人本管理文化构建的着力点［J］．当代经济，2019（1）：124-125.
[7] 贝加莱自动化．从大批量生产到大规模定制！［EB/OL］．（2018-10-24）［2019-05-06］．http：//www. sohu. com/a/271106990-728387.
[8] 莉莉汽车层．汽车都经历了哪些大规模的生产？［EB/OL］．（2018-07-03）［2019-05-06］．http：//baijiahao. baidu. com/s？ id = 1604935163246998791&wfr = spider&for = pc.
[9] 马克思．资本论：第一卷［M］．北京：人民出版社，1975.
[10] 袁群华．规模经济、产业链与产业扶贫 ——以广东省为例［J］．广东开放大学学报，2018，27（4）：30-35.
[11] 贤集网．刚性与柔性生产方式的优缺点及区别［EB/OL］．（2016-12-08）［2019-05-06］．https：//www. xianjichina. com/news/details_ 20296. html.
[12] 谭志海．新经济背景下企业市场营销战略新思路探讨［J］．中国市场，2019（2）：135-136.
[13] 耶尔格．克诺泊劳，等．企业的活力——通往巅峰之路［M］．李楠，译．北京：中国社会科学出版社，2002：86.
[14] 叶雨新．新经济时代的 IT——经济理论和信息产业发展［J］．软件世界，2000（7）：12-15.
[15] 李卫忠．商品供不应求现象已消失［J］．微型机与应用，2007（10）：12.
[16] 刘佳鑫．青岛海尔并购通用电气的动因驱动与绩效研究［J］．西部皮革，2019，41（1）：104.
[17] 百度百科．海尔［EB/OL］．https：//baike. baidu. com/item/% E6% B5% B7% E5% B0% 94/281？ fr = aladdin.
[18] 王俊茹，卜森．新制造下海尔 C2F 电商模式及营销策略分析［J］．电子商务，2019（3）：44-45.
[19] 胡泳．海尔中国造之竞争战略与核心能力［M］．海口：海南出版社，2002：220.
[20] 闪电新闻．海尔为何能成功？看完张瑞敏的这 8 个故事或许你能找到答案［EB/OL］．（2018-04-02）［2019-05-06］．http：//baijiahao. baidu. com/s？ id = 1596586053917470261&wfr = spider&for = pc.
[21] 张后启．再造竞争优势［M］．合肥：中国科学技术大学出版社，2002：10.
[22] ALVIN TOFFLER. Future Shock［M］. New York：Random House，1970.
[23] DAVIS S M. Future Perfect［M］. New York：Addison-Wesley，1987.
[24] PINE II J B. Mass Customization：The New Frontier in Business Competition［M］. Boston：Harvard Business Press，1993.
[25] PINEII J B. Victor，BOYTON A. Making Mass Customization Work［J］. Harvard Business Review，1993，71（5）：108-111.
[26] DAVIS S M. From Future Perfect：Mass Customizing［J］. Planning Review，1989，17（2）：

16-21.
[27] KAY M. Making Mass Customization Happen: Lessons for implementation [J]. Planning Review, 1993, 21 (4): 14-18.
[28] KOTHA S. Mass Customization: Implementing the Emerging Paradigm for Competitive Advantage [J]. Strategic Management Journal, 1995 (16): 21-42.
[29] TSENG M, JIAO J, MERCHANT M E. Design for Mass Customization [J]. CIRP Annals-Manufacturing Technology, 1996, 45 (1): 153-156.
[30] ROSS A. Mass Customization-Selling Uniqueness [J]. Manufacturing Engineer, 1996, 75 (6): 260-263.
[31] JONEJA A, LEE N S. Automated Configuration of Parametric Feeding Tools for Mass Customization [J]. Computers and Industrial Engineering, 1998, 35 (3-4): 463-469.
[32] KOTLER P. From Mass Marketing to Mass Customization [J]. Strategy & Leadership, 1989, 17 (5): 10-47.
[33] WILTON WOODS. "After All You have Done for Your Customers, Why Are They Still Not Happy" [M], 1995.
[34] 大卫M安德森，B约瑟夫·派恩二世. 21世纪企业竞争前沿：大规模定制下的敏捷产品开发 [M]. 冯涓，李和良，白立新，译. 北京：机械工业出版社，2000.
[35] ROMAN BOUTELLIER, OLIVER GASSMANN, MAXIMILIAN VON ZEDTWITZ. 未来竞争的优势——全球研发管理案例研究与分析 [M]. 曾忠禄，周建安，朱莆道，译. 广州：广东经济出版社，2002 (10): 29.
[36] 胶州新闻网. 海尔空调胶州互联工厂：全球智能制造的引领者 [EB/OL]. (2015-11-06) [2019-05-06]. http://jjz.jiaozhou.gov.cn/n918/n940/n953/n1665/161005014606807626.html.
[37] 推进家电制造业数字化进程 科思创携手海尔共建数字化联合实验室 [J]. 塑料科技，2019, 47 (3): 131.
[38] 朱信忠. C2M针织鞋服大规模柔性云定制平台 [J]. 纺织科学研究，2018 (7): 47.
[39] 郑建菲. 汽车大规模个性化定制的智能制造新模式研究 [J]. 中国集体经济，2018 (16): 152-154.
[40] 胡泳. 海尔卖家电如海鲜 [J]. 知识经济e企业，2004 (4): 20.
[41] 周文辉，王鹏程，杨苗. 数字化赋能促进大规模定制技术创新 [J]. 科学学研究，2018 (8): 1516-1523.
[42] 刘和东，徐亚萍. 企业突破性创新的研究现状解读 [J]. 技术与创新管理，2018, 36 (9): 654-658.
[43] LEIFER R, MCDERMOTT C G, O'CONNOR R, et al. Radical innovation: how mature companies can outsmart upstarts [M]. Boston: Harvard Business School Press, 2000.
[44] 兰秀文，马瑛. 松下自行车大规模定制的启示与思考 [J]. 现代管理科学，2005 (1): 95-96.
[45] 百度文库. 戴尔—大规模定制的先锋 [DB/OL]. (2011-01-03) [2019-05-06]. https://wenku.baidu.com/view/1a5e3b0303d8ce2f006623dd.html.
[46] 张健. 大规模个性化定制助推钢企实现高质量发展 [J]. 互联网天地，2018 (9):

26-28.
[47] MARYAM HOUDA. 面向大规模定制化生产的3D打印技术［J］. 陈致佳，译. 建筑技艺，2018（8）：82-85.
[48] 李喵. 海尔发展史［EB/OL］.（2011-10-23）［2019-05-06］. https：//www. douban. com/note/179761452/.
[49] 孙健. 海尔的企业战略［M］. 北京：企业管理出版社，2002.
[50] 江宏，任芳. 海尔空调胶州互联工厂：实现用户需求驱动的大规模定制［J］. 物流技术与应用，2019（1）：70-74.
[51] 陈录城. 大规模定制如何落地？［N］. 通信产业报，2018-08-06（8）.
[52] 宝利嘉顾问组编著. 细分：从客户区隔中谋取利润［M］. 北京：中国社会科学出版社，2003.
[53] 耶尔格·克诺伯劳，等. 企业的活力—通往巅峰之路［M］. 李楠译. 北京：中国社会科学出版社，2002.
[54] 肖天明. 精柔思维与精柔管理——面向新经济时代的思维创新与科学管理［M］. 北京：中国经济出版社，2012.
[55] B. 约瑟夫·派恩. 大规模定制：企业竞争的新前沿［M］. 北京：中国人民大学出版社，2000.
[56] 王端民，孙林岩，汪应洛. 新经济、新制造、新模式、新机制［M］. 西安：西安交通大学出版社，2003.
[57] 孙林岩，汪建. 先进制造模式——理论与实践［M］. 西安：西安交通大学出版社，2003.
[58] 荀启明，庞大庆. 论网络与定制营销的结合［J］. 企业经济，2004（3）.
[59] 孙丽辉. 基于顾客满意目标导向的新产品开发模式的构建［J］. 经济管理. 新管理，2004（14）.
[60] 经济日报工商部，法国苏伊士里昂水务集团编著. 新经济革命［M］. 北京：经济日报出版社，2000.
[61] 张瀛，于文明，张锋编著. 聚焦新经济—解读新经济时代的生存战略［M］. 北京：地震出版社，2000.
[62] 王清涛，吴振杰等. 新经济战略［M］. 北京：中国石化出版社，2001.
[63] 搜狐网. 上汽大通如何让大规模定制汽车成为可能？［EB/OL］.（2018-04-24）［2019-05-06］. http：//www. sohu. com/a/229239091_ 613121.

第 2 章

MC 模式企业：“精柔相融”的企业

2.1 柔性的 MC 模式企业

顾硕[1]指出：现在的制造业正面临三大挑战，其一是产品更新速度越来越快，其二是产品与研发关联的制造技术越来越复杂，其三是产品批次转换时间越来越短。而且，挑剔的消费者不但要求产品有更高品质，而且要求产品的价格更低。面对这些挑战，现代企业只能采用柔性生产。“柔性”是时代的潮流，是复杂多变的新经济环境需求。企业的柔性化，本质上是对环境多变化的反映。作为 21 世纪的主流企业模式，大规模定制（MC）模式企业比传统企业更具柔性。

2.1.1 MC 模式企业响应客户需求：柔性求新

毛磊和闫超基于 Juhani Heilala 等[2]的观点，指出“柔性”是指“一个生产工艺系统在处理不同结构形式产品进行自我调节的同时保证提高设备负荷率的能力，是制造系统应对变化调节的能力，它取决于整体系统方案、设备及人员配置的合理性”[3]。“柔性”的英文“flexible”可以解释为“灵活的”“柔韧的”“易改变的”。其“灵活”则可随机应变，以开阔、自由、立体多维、开放式的思维模式为基础，不古板守旧、不盲目模仿，跟着环境、时空、具体对象的客观变化而作灵动的调整，因此也强化了环境适应性和持续发展力；其“柔韧”则可克刚，避免直线式的刚性运作造成“撞南墙”“钻牛角尖”现象，并具备绕过各种困难而重生的能力；其“容易改变”则具有强大的“可塑性”，就如同水，可以根据盛它的容器改变形状，可以渗入其他物质、突破其他物质的固有“禁锢”，也可以溶解其他物质、与其他理念相融。“以柔克刚”观念、突破观念、权变观念、动态观念构成现代柔性观念的重要内容。“以柔克刚”意味着重视以柔和的方式面对万物与万变，以“巧智”克服困难与客户变化，以情感、精神等“软权力”掌控下属。善于“以柔克刚”的企业员工，往往更能主动尊重客户需求，更擅长应用“巧智”协调和解决客户矛盾、提高客户满意度并争取客户。柔性理念在企业的推广，有助于减少“硬碰硬，两败俱伤”的企客现象，提高企业与客户、社会的和谐度。突破观念强调对陈旧“禁锢”的打破、重新思考和再整合。突破观念很有利于企业打破瓶颈，产生创新灵感、创新之言、创新之行和创新之果。建设创新型企业，必然要经历“去陈除旧”“先破后立”的过程，如果缺乏突破观念，这个过程难以实现。权变观念强调“权衡环境变化而变化”。面对多变的环境，权变观念是让企业员工“不绝对化”的重要“武器”。拥有权变观念的企业员工更善于根据客观环境变化而应变，认为任何理念或方法都不是绝对最优秀的，只有适应环境的理念或方法才是最好的。因此，在权变观念下，员工能更关注客户需求、客户态度的细微变化，“以变治变”，及时跟上客户“改变”的步伐。动态观念强调“随时间流动而变化”。时间是万物发展、变化不容忽视的要素。“时间会改变一切”。因此，能够适应现在与未来的企业员工一定要持有“动态观”。

大规模定制（MC）模式是企业竞争加剧、消费者个性需求强烈且多变化、产品生命周期缩短、客户满意度直接影响企业生存和发展的环境产物。大规模定制（MC）模式企业运营环境复杂、新技术层出不穷，且每天都要面对各种各样的客户，每个客户都有可能提出新异化定制，有些客户的定制甚至是“无前例可循”的。Mitchell 和 Andreas[4] 认为大规模定制（MC）模式面临着三大挑战：①难以预测；②缩短前置时间；③改变规模经济。大规模定制模式企业往往既难预测客户多变的当前需求，又没有足够的供货准备时间，而通过规模经济效益降低成本的难度又增大。在这样的环境中，大规模定制（MC）模式企业要想立足市场与持续发展，就必须以柔性求新的态度快速响应客户的各种定制需求。

2.1.2 MC模式企业的柔性策略

如何提高大规模定制（MC）模式企业的柔性？2017年3月9日，贝加莱公司在上海举办柔性电驱输送系统发布会，隆重推出新一代柔性电驱输送系统 Super Trak，这一全新机电一体化系统通过直线长导轨上多组动子的运动，并与机器人等进行配合，在3C制造、食品与药品包装、饮料灌装等需要生产灵活加工与组装的应用领域，可以提供最大的生产柔性。[1]类似这样的例子很多。可以说，从大规模定制（MC）模式诞生以来，大规模定制（MC）企业的实践者就一直在渴望解决这个问题。多年来，大量的国内外相关学者也在想方设法协助企业提升大规模定制（MC）模式的柔性，并从多方面提出一系列柔性策略建议。以下主要从提升定制柔性的策略、提升组织和调度柔性的策略、提高生产制造和装配柔性的策略方面归纳国内外学者的代表性观点。

1. 提高定制柔性的策略

（1）多CODP策略　CODP（Customer Order Decoupling Point，顾客订单分离点或客户订单解耦点），是指基于预测的生产与基于顾客订单的定制生产之间的分离点或转换点。[5]早在20世纪80年代，Sharman[6]的研究就涉及供应链管理中的CODP。尽管许多学者一直持有固有的思维模式，认为一条供应链只有一个CODP。但柔性思维的应用使国内外一些学者认为一条供应链可以有多个CODP，多CODP可克服单CODP柔性不足、难适应客户多变需求等局限性。Grag和Tang[7]对两个CODP的延迟生产问题进行研究并建立优化模型。Verdouw等[8]以奶制品行业为例说明了供应链上可存在多个CODP。Sun等[9]认为在产品复杂的MC模式下供应链供应过程中存在多CODP。

我国学者王玉等在多CODP策略方面的研究比较深入。2009年，王玉等建立基于多CODP的大规模动态定制供应链模型[10]；2012年，王玉通过多CODP的生产调度与库存控制引导局部优化，从而引导MC模式下供应链的全局优化[11]；2014年，王玉认为目前大规模定制（MC）模式生产主要是根据单CODP的位置划分为推式与拉式两阶段生产，在适应客户复杂的多样化需求方面有一定局限性，设置了多CODP的多阶段生产计划模型，以较高效率、较低成本来更好满足客户需求的多样性[12]；2015年，王玉等运用系统动力学对多CODP的大规模定制（MC）模式供应链进行了建模仿真[13]。这些研究成果使面向大规模定制（MC）模式的供应链管理更具有柔性和适应性。

（2）动态定制点策略　动态定制点，即随情境可变的定制点。根据大规模定制（MC）模式下供应链所面对的不同情境可确定不同的定制点，以便提高供应链敏捷性、降低成本。Pine II等[14]将定制方法分为合作型定制、透明型定制、装饰型定制和适应型定制四类，其定制点处于供应链不同阶段。Alford等[15]根据汽车供应链上定制点的不同，将汽车业定制分为核心定制、选项定制和外形定制三种。Kundu S和McKay等[16]根据动态的客户订单分离点提出以下八种定制类型：按订单存货、按订单装配、按订单生产、按销售采购、按销售存货、按销售设计、按销售生产、按销售装配。Thorsten和Nizar[17]认为CODP移动会引起不确定性的变化，并基于这些变化完成了符合企业需求的最佳CODP定位研究。我国学者也有相关有益探索，如王猛和王玉[18]建立基于动态CODP的供应链模型，认为动态CODP的MC模式更能满足客户多样化需求。林杰等[19]认为大规模动态定制系统更具有普适性，并提出基于GDSS的供应链协调与管理系统。

（3）柔性延迟策略　20世纪50年代，Alderson[20]提出延迟（Postponement）技术的概念，即通过延迟差异部分的具体操作，扩大相同操作的范围和时间，降低预估风险并减少差异操作所耗费的时间和成本。Shapiro[21]研究了供应链与延迟策略的相关性。延迟策略通过成型延迟、时间延迟和地点延迟[22]有效减少供应链预估风险、提高供应链效率。

2000年后，国内外越来越多学者认为延迟策略是实现大规模定制（MC）模式下供应链敏捷性的重要策略。基于对大规模定制（MC）模式下供应链上各企业所面临的多变内外环境的深刻认识，一些学者质疑绝对的延迟策略，而提出定制点并不是在任何情况下都是越迟越好的观点。例如，Ernst和Kamrad[23]将延迟情况不同的供应链分为严格型、模块型、延迟型和灵活型四种结构；Waller等[24]提出"上游延迟"和"下游延迟"两种供应链延迟类型；Diwakar和Benjaafar[25]将排队论应用于供应链延迟研究中，认为供应链不同程度的延迟会对客户等待时间、企业成本和收益等产生影响，应该柔性应用延迟策略。

2. 模块化策略

赫尔伯特西蒙最早提出"模块化"概念。"模块化"是指"在对一定范围内的不同功能或相同功能不同性能、不同规格的产品进行功能分析的基础上，划分并设计出一系列功能模块，通过模块的选择和组合可以构成不同的产品，以满足市场不同需求的设计方法。"[26]现在，国内外多数学者都将"模块化"视为成功实施大规模定制（MC）模式的关键所在，"模块化"策略是大规模定制（MC）模式企业产品设计与企业生产的一个基本策略[27,28,30,29]。Yang等[31]结合服装大规模定制的配置，从理论上解释如何通过模块化等策略提高服装定制的效率。Ming-Chuan Chiu等[32]利用一个工业案例分析产品模块化水平对供应链绩效指标的影响，认为模块化是产品设计和供应链设计决策中最关键的因素。Radwan等[33]以实验方式研究大规模定制（MC）环境下如何选择模块和设备，使供应链降耗提效。Abdul等[34]回顾了模块化制造系统的发展，认为模块化提高了生产操作的灵活性，方便产品的重新配置。Da Rocha等[35]把模块化策略应用于房屋建筑业中的大规模定制（MC）模式，同样证明了模块化的优势。王安正等[36]基于中式家具大规模定制（MC）的现状及条件，建议模块化、组合化、系列化、通用化的中式家具大规模定制（MC）产品开发设计体系标准。

大规模定制（MC）模式企业应用"模块化"策略的本质是"化整为零+化零为整"。模块化的基本思想是将产品化整为零为各标准组成模块进行设计和生产。一方面，企业将产品分解为可大批量生产的"标准化"模块组件，充分应用规模经济效益降低产品的组件成本；另一方面，企业可根据客户定制要求柔性整合、灵活组装各类标准模块，快速装配形成能满足客户高度多元化需求的个性化产品。根据现在的理论与实践，我们认为"模块化"策略有效提高了大规模定制（MC）企业及其供应链的柔性和客户响应速度，提升了企业生产、供应链的效率和效益[37,38]。"模块化"策略还有效提升大规模定制（MC）模式企业的创新效率。大规模定制（MC）模式企业采用模块化设计方式和柔性产品开发方式，新产品并不是产品的全面更新，而是采用标准化的零件或组件重新组装，只针对小部分需要创新处对某些部件进行重新设计和修改，从而既满足了客户的个性化要求、降低新产品成本，又使产品的创新效率得到大幅度提升。例如，美国通用电气公司（General Electric Company，简称 GE，又称奇异公司，创立于 1892 年）重新设计其短路开关箱，用 1275 个通用零部件（共享构件）代替原来的 28000 个专用零件（独立零件），通过组合这些通用零部件就可以获得 40000 种不同的配置。除了小部分不得不更新的部分（一般占 10% ~20%，甚至 1% ~5%）需要投入真正创造性的工作外，产品的其他部分可以重复利用现成设计和已有工作，在原有技术和装配的基础上稍加改变就可以形成一个新的产品。[39]

除此之外，“模块化”策略对大规模定制（MC）模式企业的创新文化还会产生重要影响。方爱华和卢佳骏[40]认为“模块化的创新要求通过对模块功能、联系规则、内外部知识整合的改进、配置等一系列活动实现，任何一个环节的创新都需要其他环节的支持与配合，不是独立于整体的。这种创新机制使得每一个节点都必须和其他的节点合作，以为最终客户创造价值为核心，实现全面创新，这种具有持续性创新特征的企业，预期会创造良好的创新氛围，以形成全面性的企业创新文化”[40]。方爱华和卢佳骏[40]在研究中假设模块化设计程度的加深能够对企业形成创新文化具有显著正向影响（以大规模定制为条件），并基于来自上海、浙江、天津、广东、福建、湖北等地区的 160 家大规模定制（MC）模式企业的问卷调研数据，实证了这个假设是成立的。

3. 柔性集成策略

敏捷性可以被看作是一个需要鼓励的柔性和核心能力的资源，以便在动荡的竞争环境下提供增值产品和服务的集成[41]。国内外学者一致认为柔性集成策略能有效促进大规模定制（MC）模式下供应链的敏捷性。如 Tommclein I. D. 等[42]从整个流出发集成整合供应链，提高项目交付的供应链效率。Shana Smith 等[43]认为大多数大规模定制（MC）模式公司使用集成供应链管理方法，以实现大规模定制（MC）的目标。Coronado 等[44]分析认为实施大规模定制（MC）模式要求供应链上下游实现信息集成和共享。Mikkola[45]分析大规模定制（MC）、延迟策略和模块化技术之间的联系是以供应链整合为背景的。Xu Yuanping 等[46]提出在云计算环境下应用一种新颖的被命名为 kagfm 的集成解决方案提高大规模定制（MC）模式效率。Deng Kun 等[47]以动态多变的市场环境为背景，应用柔性集成等策略，提出面向大规模定制（MC）模式的可重构装配线。钱芝网[48]认为企业应把企业的内部资源和外部资源有机集成起来，形成一个集成化的供应链管理体系，这是有效实施大规模定制（MC）模式的条件。程德通和黄海棠[49]强调通过整合企业内、外资源，建立高效物流支持系统来满足大规模定制

（MC）模式对快速反应的要求。王文[50]着重研究了面向多功能开放型供需网的大规模定制（MC）模式企业内部及其与其他企业信息集成的结构和内容。

4. 柔性制造策略

根据美国国家标准局对"柔性制造系统"的定义，柔性制造系统是"由一个传输系统联系起来的一些设备，传输设备把工件放在其他各加工设备上，使工件加工准确、迅速和自动化。中央计算机控制机床和传输系统，柔性系统有时可以同时加工几种不同的零件"。中华人民共和国国家军用标准有关武器柔性制造系统中的术语将其定义为"柔性制造是由数控加工设备、物料运输装置和计算机控制系统组成的自动化生产系统，它包括了多个柔性制造单元，能够根据制造任务和生产环境的变化迅速进行调整，适用于多品种小批量生产"[51]。柔性生产制造系统综合体现了生产制造系统的"机器柔性、工艺柔性、产品柔性、维护柔性、生产能力柔性、扩展柔性和运营柔性"[52]，多个柔性单元互相协同，通常可以有效提升制造效率。柔性制造是大规模定制（MC）模式企业成功运营的基础，大规模定制（MC）生产模式应用现代柔性制造策略，以互联网、高科技为支撑有效提高制造效率与效益。几乎所有大规模定制（MC）相关案例或理论研究都会不同程度、显性或隐性强调"柔性制造"。例如，黎泰松[53]基于柔性制造理念分析企业级配置BOM（Bill of Material，物料清单）的组成模块以及生成相关数据的机理，阐述大批量多种类的市场需求下整车企业在SAP系统中完成订单任务的数据运行以及IT系统应对策略。熊佳玮等[54]利用Matlab和Python语言对大规模定制生产仿真实验平台设备布局系统进行设计与开发，以提高仿真生产实验平台的可重构柔性。张明超等[55]发现酷特智能案例如何应用数据驱动大规模智能定制，如何基于智能定制完成个性化柔性生产制造。

尽管有订单存在，大规模定制（MC）模式企业的生产制造也会受到一些不可准确预测的不确定因素或不确定事件的"扰动"，导致大规模定制（MC）模式企业生产制造计划受到影响。程豪和陈淮莉[56]针对这个问题，基于对大规模定制（MC）生产价值链的成本分析，构建了生产总成本最低的客户订单分离点定位模型，提出以提前期、定制度为约束条件下生产总成本最低的流程优化策略。翟丽丽等[57]也为了解决大规模定制（MC）模式企业的"计划受扰"问题，提出柔性生产制造计划的建议。

2.1.3 MC模式企业需要柔性的敏捷供应链

1. MC与供应链的结合优势

简单地说，供应链就是以核心企业为中心，连接着从最初的供应商到最终的客户所必需的各个主体，形成一条包括供应商、生产商、分销商、零售商、第三方物流等物流服务商、最终客户等，贯穿着高度整合的信息流、资金流、物料流的功能网络链状结构。供应链概念的提出，有利于将供应链上原本相互独立的单位紧密联系起来，有利于以提高整条供应链的效率和效益为出发点集成管理，实现供应链上各单位的“共赢”。

供应链是支持大规模定制（MC）的重要条件[58]，最早表达大规模定制（MC）和供应链管理相结合想法的人是Pine[28]。Charu Chandra等[59]认为高效的物流和供应链管理是采用大规模定制（MC）战略的关键条件之一。Hossam Ismail等[60]指出大规模定制（MC）对企业有新的要求，包括更紧密的供应链管理等。Mahnoosh Zebardast[61]认为大规模定制（MC）企业处于以客户为导向的竞争激烈的市场环境中，在这个环境中应引导企业实施供应链管理来提高绩效和获得竞争优势，并提出一个概念性的框架，旨在探讨如何配置和管理才能使传统的供应链转变成并行高效的供应链。

国内也有不少学者强调大规模定制（MC）与供应链管理相结合的重要性。面向大规模定制（MC）的供应链管理技术是保证大规模定制有效运作的一个关键因素[62]。完善的供应链管理是实现大规模定制（MC）的前提条件[63]。

2. MC供应链的敏捷性

尽管被誉于新工业革命产物和21世纪的主流生产模式的大规模定制（MC）模式较传统的大规模生产（MP）模式，在满足客户多样化需求、减少库存等方面有明显的优越性，但一直受困于交货时间紧等矛盾问题，强化大规模定制（MC）供应链的敏捷性，是化解矛盾赢取竞争优势的关键。大规模定制（MC）模式企业提高整条供应链的敏捷性是大规模定制（MC）模式企业立足市场、获取竞争优势的必由之路。

供应链的敏捷性，简而言之，就是供应链能够快速反馈市场的能力。供应链的敏捷性直接体现为供应链的效率，并对供应链的效益有直接影响。所谓大规模定制（MC）供应链的敏捷性，就是指在大规模定制（MC）模式下，以核心企业为中心的，从原材料供应商到最终的产品使用客户或服务享用客户整条链的快速反应能力，最终产品或服务能根据客户定制准时送达客户。

3. 柔性是MC敏捷供应链的基本特征

大规模定制（MC）模式下供应链的敏捷性需要以柔性策略来促进。一条刚性、刻板、无法适应环境变化、供应链上各节点难以动态协调的供应链，根本谈不上“敏捷”，也就是说：无柔性则无敏捷。我国学者姚建明[64]指出柔性是大规模定制（MC）模式供应链体系的一个基本特征。只有高度重视大规模定制（MC）供应链的动态性和随机性，采用柔性策略，才能有效解决大规模定制（MC）模式运作过程中难以避免的时间和成本矛盾问题，提高大规模定制（MC）供应链的敏捷性。

面对以市场为导向的速度经济，传统的刚性供应链管理无法适应大规模定制（MC）的新需求。只有高效、敏捷的供应链才能适应新经济环境。供应链的响应速度对于大规模定制（MC）的成功实现具有举足轻重的作用[65]。事实上，目前国内外所有相关研究都不怀疑大规模定制（MC）模式下供应链敏捷性的重要性。大卫和约瑟夫在1999年就在《21世纪企业竞争前沿：大规模定制模式下的敏捷产品开发》中全方位强调大规模定制（MC）模式的敏捷性。2012年，王玉归纳了前人的相关研究：大规模定制（MC）供应链应具有敏捷性、动态性、随机性、信息技术密集性等特点。那么，关键问题不是大规模定制（MC）模式下供应链是否需要敏捷性，而是如何有效提高大规模定制（MC）模式下供应链的敏捷性。

从组织视角来看，建议构建"动态组织联盟"。供应链动态组织联盟以供应链上各节点企业为了某个共同目标形成柔性合作、协作、协同关系为重要特征。Bowersox和Closs[66]、Brunt等[67]、Msrcia和Amrik[68]强调选择好的供应链伙伴和建立相互信任机制有助于供应链上各组织的协同和对顾客的快速反应。Vijayan等[69]将代理技术引入大规模定制（MC）模式下供应链上组织的协调问题，用于提高组织合作和协调。Giovani等[70]通过回归分析法分析认为供应商协同投入与供应链的交货速度和高可靠性等密切相关。Jorge等[71]认为供应链企业之间柔性的有效协作对公司有重要好处。我国学者如杨水利[72]建议大规模定制（MC）模式企业采用业务外包、合资经营、战略联盟等形式与供应链上其他企业合作；刘瑜等[73]建议以定制企业为核心，通过电子商务平台将定制企业、供应商、客户及第三方物流公司等密切联系起来，具有能快速及时地获取客户的个性化信息、便捷产品展示、降低成本等优势；刘朝刚[74]强调大规模定制（MC）模式下供应链上各主体柔性、有效合作，核心企业应充分考虑合作伙伴的敏捷性。此外，Goldman和Nagel[75]认为"必要时创造虚拟组织以增加能力"是敏捷物流的重要内涵之一。对环境变化反应迅速的、集稳定与变化为一体的[76]、高度柔性化的虚拟企业模式能有效强化大规模定制（MC）模式企业供应链的敏捷性。

大规模定制（MC）模式下供应链的调度必须符合客户订单的要求，由于客户需求多变，客户订单具有很大的不确定性，导致大规模定制（MC）模式下供应链调度的复杂性和动态性明显增大。近年针对大规模定制（MC）模式下供应链柔性计划调度体系的研究渐多。例如，Yao和Liu[77]基于对大规模定制（MC）模式供应链调度基本运作特征的描述和界定，提出缓解调度过程中主导矛盾的思路并将之与大规模定制（MC）模式下供应链动态调度机理结合分析；指出大规模定制（MC）模式下的供应链调度问题是一个典型的随机需求与随机资源约束的多目标动态优化问题，建立了较完整的随机多目标动态调度优化数学模型[78,79]。Liu Weihua 等[80]认为服务提供商的服务时间存在不确定性，并针对该问题构建动态的大规模定制（MC）模式下物流服务供应链的调度模型。杨文伟等[81]针对大规模定制（MC）模式的生产特性，基于改进粒子群算法建立调度模型、建立相关约束，并通过实例验证了调度模型以及改进算法的有效性与合理性。张鹏等[82]应用多种群蚁群算法，设计分布式调度优化的模型，将多个进行寻优的蚁群分散到供应链的不同计算节点上，确定优化调度方案。单汨源等[83]将大规模定制（MC）环境下的订单按阶段进行分解，并根据阶段工作内容的区别进行计划安排。孙靖和林杰[84]基于信息不完全共享环境，针对大规模定制（MC）供应链特点提出动态调度模型。梁浩等[85]认为面向大规模定制（MC）的供应链计划制定除了要考虑供应链上制造商的生产资源、生产成本和生产质量外，还要考虑供应商、分销商等外围实体的供货、运输能力和成本、供应链节点企业的定制生产成熟度等因素，存在大量的决策变量，各活动之间具有很强的耦合关系和时序约束，是一个多目标、多约束的复杂非线性优化问题。

2.2 精益求精：MC 模式企业的立足之本

我国传统企业多受“中庸”思想影响，“不求有功，但求无过”。“中庸”理念造就不求精进的企业与员工，这样的企业与员工难以在当前复杂多变、竞争“白热化”的市场环境下生存与持续发展。其主要原因有三：

1）中庸企业“粗而放之”，懒于应用数据精细策划未来，疏于计划和规划，不细致分析未来的机遇、风险、危机、劣势，对企业的未来“胸无成竹”，缺乏深谋远略，盲目经营，主动适应市场的能力不足，面对竞争者林立的市场，处于竞争劣势。

2）中庸企业不求“精确”“科学”“完美”，只求“差不多”“应付敷衍”现象严重；组织中很多工作都存在不少缺陷，而这些缺陷却被粗放管理“熟视无睹”了；在组织工作流中存在大量浪费，例如，重复的流程、不必要的工作、多余的功能、繁琐的手续、大量的库存积压、不重视质量而造成返工、顾客不满意而退货等大量的浪费；导致组织缺乏上进力、成本居高不下、产品或服务质量低、工作效率低、效益低、很难在激烈竞争的市场环境中生存。

3）中庸企业不求精，产品或服务质量不高，客户满意度低，难以持久赢得客户青睐，“失客户心者失企业”，企业的生存堪忧。

什么能成就卓越企业与卓越产品呢？“世界上怕就怕‘认真’二字”，这是毛泽东的至理名言。松下幸之助说：“赌上性命一样地认真。”海尔坚持“把用户的烦恼降到零"。乔布斯亲自掌控全流程关键性细节，严格认真、追求完美、精益求精。[86]罗旭祥（2010）指出最重要的是精益求精的设计与管理，而不是技术[87]。"精益求精"是一种"好了还要更好""持续改进不是因为不好，而是因为要追求更好"的精神。具备"精益求精"精神的企业是蒸蒸日上、永远追求"更低成本、更敏捷、更新颖、更卓越、更低污染、更被客户满意"的上进型企业。随着人们生活水平的提高、消费者知识层次的提升、消费者对商品信息的获取途径拓展，消费者对企业的要求越来越高。大规模定制（MC）模式企业面对的客户对产品或服务的定制质量都有很高要求。同时企业的资源有限、竞争者林立，"节约"与"降低成本"的任务艰巨[88]。面对消费者的"百般挑剔"、不足的资源、竞争者的"虎视眈眈"，大规模定制（MC）模式企业"如逆水行舟"，只有精益求精才能持续生存，否则，就难以赢得客户，随时可能被竞争对手打败。可以说，"精益求精"精神是大规模定制（MC）模式企业的立足之本。

例如，拥有橱衣柜及全屋定制两大主力产品线的"海尔全屋家居"提出"让家的细节无可挑剔"的口号，将海尔"精益求精"的企业文化特质融入其发展的全过程实践中。在生产线构建方面，"海尔全屋家居"引进德国HOMAG、意大利BIESSE的全自动生产线，由德国舒乐公司负责工艺及布局、SAP公司负责ERP项目的设计和实施，并后续兴建全套的数字化定制家居生产线，引入精益生产管理模式、全程信息化监控跟踪，努力构建世界一流的生产线；在服务流程标准方面，"海尔全屋家居"制定了详细而严密的服务流程标准；在材料管理方面，"海尔全屋家居"设立专业实验室，对原材料的各项指标进行严格检测，生产过程中实行28道检测工序；在质量管理方面，"海尔全屋家居"推行全面质量管理，打造精益生产体制，力争把品质做到极致，产品质量满足国际标准；在供应商选择方面，"海尔全屋家居"选择全球战略合作供应商，德国、奥地利等国家的五金产品以及高环保等级漆料；在售后服务方面，"海尔全屋家居"的售后管理系统每天收集用户和终端意见，推进产品不断升级。正是这种追求卓越、"精益求精"的企业精神，才使得"海尔全屋家居"收获了广大用户的推崇和社会各界的赞誉，奠定行业翘楚地位[89]。

2.3　MC模式企业应是"柔性求新+精益求精"企业

基于上述分析，可见大规模定制（MC）模式企业应是既柔性求新又精益求精、"精柔相融"的精柔型企业。"柔性求新"与"精益求精"是大规模定制（MC）企业及其员工适应新经济环境的客观需要。"柔性求新"与"精益求精"各有优点、也各有缺点。单纯的"柔性求新"和单纯的"精益求精"都不能取得完美效果。21世纪环境下，大规模定制（MC）企业及其员工要取得真正的成功，就需要将“柔性求新”与“精益求精”有机结合起来，在“柔性求新”的同时“精益求精”，在“精益求精”的同时“柔性求新”。

自古以来，能称得上“智慧”的人必是“精柔相融”之人；同样，能称得上“智慧”的企业也必是“精柔相融”之企。仍然以海尔集团为例，海尔集团就是“柔性求新+精益求精”的企业。海尔集团的“柔性求新”不仅体现于柔性的生产线、各种柔性生产策略，更体现于海尔集团持续不断的创新实践中。海尔集团具有旺盛的“柔性求新”创新精神。作为全球智能制造的引领者，海尔空调胶州互联工厂是在柔性化的基础上来实现智能化。为了实现“以用户为中心的大规模定制”，实现“高精度下的高效率”，海尔空调胶州互联工厂做了很多基础工作，比如建立“三化”标准体系，即柔性化、数字化、智能化。对于胶州互联工厂而言，不仅要满足企业必须追求的高效率，同时还要精准地满足用户定制需求。因此，海尔在产线布置上采用了“柔性化”的模式，即通过单元线实现柔性化定制，通过传统流水线实现大规模生产[90]。

“以最开阔的思路想出商品来”是海尔集团的一句“流行口号”。海尔集团的各级员工被要求多观察、多动脑、不呆板、勤思考，要多捕捉创新灵感，要能“想出新市场”“想出新商品”“开发新客户”。海尔集团总是一边“柔性”地紧跟消费者的“感觉”和“步伐”，一边应用“头脑风暴法”等各种求新方法，针对消费者多样化的需求，创造出一个又一个让消费者满意的新产品。海尔集团的创新实践几乎无处不在。诸如变速洗衣机、超薄型洗衣机、节水型洗衣机、上开门洗衣机、“手搓式”洗衣机、健康空调、金超人环绕立体风空调、MRV变频中央空调等新品领先于市场“脱颖而出”。海尔集团还愿意为消费者的“特殊定制”提供创新型服务，类似“专门洗地瓜的洗衣机”等“新异”定制产品要求也能得到满足。例如2003年6月17日，海尔为新疆某枕头厂定制生产洗荞麦皮的洗衣机，只用了24小时，“洗荞麦皮”的技术就被攻克了，新产品很快就诞生了，新疆的用户打肯定电话的第一句话就是“我一定给你们开个好价钱”。2004年3月的一天，海尔的发货员李发林笑着对来参观的人们讲解道，他们现在就是按照订单下货，订多少台就送多少台，货一下来之后车就装走了[91]。另一方面，海尔集团也是典型的“精益求精”型企业。海尔集团强调“真诚到永远”“求精到永远”“要么不干，要干就要争第一”的理念，将为客户或消费者提供“零缺陷”产品作为企业的质量目标。面对客户对冰箱质量的“质疑”，海尔集团的首席执行官张瑞敏突击检查了仓库，发现仓库中不合格的冰箱还有76台！当时研究处理办法时，有些干部提出意见：作为福利处理给本厂的员工。而张瑞敏却做出了有悖“常理”的决定：开一个全体员工的现场会，把 76 台冰箱当众全部砸掉！而且，由生产这些冰箱的员工亲自来砸！[92] 海尔集团首席执行官的"砸冰箱"之举震撼了所有海尔员工，以实际行动改善员工的质量观念，在员工心中根植"精益求精""零缺陷"的质量理念。正是因为海尔集团始终如一的"精益求精"精神，才使海尔集团获得国家质量奖、中国企业管理金马奖、国家质量管理奖等诸多奖项，终于以"卓越品质"和"普遍称誉的质量"建立了几乎家喻户晓的"海尔"家电名牌，为海尔集团抵抗市场压力、获取竞争优势奠定了坚实基础。1989 年市场疲软，很多冰箱厂家降价销售，但海尔提价 12% 仍然受到用户抢购，当时一张海尔冰箱票的价格甚至被炒到上千元[93]。2018 年，基于"行业转型"与"消费者需求升级"两大驱动力，厨电市场智能化、成套化成为不可逆转的潮流。"柔性求新 + 精益求精"的海尔集团是"智慧"的，大胆提出"智慧大成套"理念并"脚踏实地""精益求精"地落实。海尔集团率先发布了"智慧大成套"解决方案，将互联互通（指产品要在智能化的基础上，根据用户的个性化需求实现真正的互联互通）、全流程（指"成套"不仅是产品本身，更要将范畴扩展到服务、创新迭代等全套流程）、大生态（强调加速产品及服务方案迭代的同时，连接更多资源方，为用户提供更加全面、个性化的解决方案）定义为成套厨电的三大特质，从技术创新、用户体验等多个维度深化成套厨电概念，为成套厨电的未来发展指明了方向，有效提高了海尔厨电的智能指数、高端指数和健康指数，成为"用户的品质化首选"[94]。根据海尔集团发布的公开数据，截止到 2018 年 11 月，海尔厨电市场累计增幅达 48.91%；卡萨帝厨电累计增幅达 190%；统帅厨电累计增幅达 164%[94]。

再以服装业为例。我们每个人都需要服装产品，且我们每个人对服装的需求都在不断变化。大批量生产相同款式服装的必然结果是"积压"和"浪费"。大规模定制（MC）模式的应用使服装行业突破传统的运营模式，大幅度缩短服装新品的开发周期，快速响应消费者"千变万化"的个性服饰需求[95]。21 世纪成功的服装企业都是大规模定制（MC）模式企业。以圣度（Singo）为例。新经济时代，新生的"e 时代"个性消费者对服装需求个性化、新异化特征十分明显。圣度（Singo）始终以"柔性求新"的态度应对消费者的个性化需求。同时，精益求精的圣度（Singo）充分利用现代网络技术提高定制效率、降低定制成本、以更快、更好、更方便追求消费者的"更满意"。消费者进入圣度（Singo）微信公众号，填写并完善个人信息，即可根据个性需求在线选择服装款式、面料规格等，在线提交订单后，前台客户子系统就收到了消费者订单。根据订单要求，量体师会跟客户预约上门量体的时间，甚至可以"面对面"确定制衣方案。量体师通常会采集服装消费者 17 个部位的净体数据，并将信息录入规格数据库，为服装消费者提供"一对一"的精细化定制服务[96,97]。

2.4 本章小结

总之，大规模定制（MC）模式是现代柔性理论与高新科技技术、全球互联网、精细制造、人工智能、大数据等多维融合的产物。大规模定制（MC）模式企业是新时代多变化、竞争空间激烈、高度多元化与个性化市场催生的新型生产管理模式的企业，既应该以柔性智慧适应多变环境，又应该以精益求精的精神持续改善、追求客户或消费者的100%满意；肩负着以“高度差异化”“高质量的个性化”“动态紧跟客户需求”与“低成本定制”取悦消费者的艰巨使命。大规模定制（MC）模式企业应该是“柔”与“精”有机整合并协调互动的企业。如果大规模定制（MC）模式企业不求精简或者不求“柔动”，就不能实现这种模式固有的使命。

“新经济企业的精英一直认为自己的公司之所以取得成功是因为他们有着成功的企业文化”[98]。成功企业文化的基本特征应该是与其企业特征及使命紧密关联的。大规模定制（MC）模式企业是以“灵动求精”见长的企业，应该构建“精柔相融”的企业文化环境——精柔型企业文化环境。本书推荐精柔型企业文化，并以精柔型企业文化为研究重点。精柔型企业文化是大规模定制（MC）模式企业提升自主创新力的重要文化路径。

参考文献

[1] 顾硕．为大规模定制而生——贝加莱推出新一代柔性电驱输送系统SuperTrak [J]. 自动化博览，2017 (4)：20-21.

[2] JUHANI HEILALA, PAVO VOBO. Modular reconfigurable flexible final assembly systems [J]. Assembly Automation, 2001, 2 (1): 20-28.

[3] 毛磊，闫超．面向大规模定制下的家具柔性化制造体系 [J]. 林业机械与木工设备，2015，43 (7)：35-37.

[4] MITCHELL M TSENG, ANDREAS M RADKE. Production Planning and Control for Mass Customization—A Review of Enabling Technologies [C]. Mass Customization—Engineering and Managing Global Operations, 2011: 195-218.

[5] GIESBERTS P M JVAN DEN, TANG L. Dynamics of the Customer Order Decoupling Point: Impact on Information Systems for Production Control [J]. Production Planning & Control, 1992, 3 (3): 300-313.

[6] SHARMAN G. The Rediscovery of Logistics [J]. Harvard Business Review, 1984, (5): 71-80.

[7] GRAG A, TANG C. On Postponement Strategies for Product Families with Multiple points of Differentiation [J]. IIE Transactions, 1997, 29: 641-650.

[8] VERDOUW C N, BEULENS A J M, BOUWMEESTER D. Modeling Demand-driven Chain Networks Using Multiple CODPS [J]. Proceedings APMS 2006 Lean Business Systems, 2006 (8): 313-318.
[9] SUN XY. Positioning Multiple Decoupling Points in a Supply Network [J]. International Journal of Production Economics, 2008 (2): 943-956.
[10] 王玉. 多CODP的大规模定制供应链优化体系构建 [C]. 2009 Chinese Control and Decision Conference (CCDC 2009), 2009: 3437-3442.
[11] 王玉. 大规模定制供应链研究述评 [J]. 中国流通经济, 2012 (1): 43-48.
[12] 王玉. 多CODP的大规模定制多阶段生产计划模型研究 [J]. 暨南学报 (哲学社会科学版), 2014 (3): 127-135.
[13] 王玉, 李从东, 刘珊. 基于系统动力学的多CODP大规模定制供应链建模 [J]. 系统科学学报, 2015 (2): 83-87.
[14] PINE II J B, GILMORE J H. The Four Faces of Mass Customization [J]. Harvard Business Review, 1997, 75 (1): 91-101.
[15] ALFORD D, SACKETT P, NELDER G. Mass Customization-an AutomotivePerspective [J]. Int. J. of Production Economics, 2000, 65: 99-110.
[16] KUNDU S, MCKAY A. Selection of Decoupling Points in Supply Chains Using a Knowledge-based Approach. Proceedings of the Institution of Mechanical Engineers. Part B [J]. Journal of Engineering Manufacture, 2005, (2): 1529-1549.
[17] THORSTEN B, NIZAR A K. Complexity and Variety in Mass Customization Systems: Analysis and Recommendations [J]. Management Decision, 2006, 44 (7): 908-929.
[18] 王猛, 王玉. 基于动态CODP的大规模定制供应链优化模型 [J]. 物流科技, 2009 (12): 68-71.
[19] 林杰, 姜金菊, 薛航. 基于GDSS的大规模动态定制供应链协调系统的研究 [J]. 工业工程与管理, 2004 (1): 63-67.
[20] ALDERSON W. Marketing Efficiency and the Principle of Postponement [J]. Cost and Profit Outlook, 1950 (9): 15-18.
[21] SHAPIRO R D. Get Leverage from Logistics [J]. Harvard Business Review, 1984 (5): 119-126.
[22] BOWERSOX D J, CLOSS D J. Logistical Management, the Integrated Supply Chain Process [M]. New York: Macmillan Publishing Company, 1998.
[23] ERNST R, KAMRAD B. Evaluation of supply chain structures through modularizetion and postponement [J]. European Journal of Operational Research, 2000 (142): 495-510.
[24] WALLER M, DABHOLKAR P, Gentry J. Postponement, product customization, and market oriented supply chain management [J]. Journal of Business Logistics, 2000, 21 (2): 133-159.
[25] DIWAKAR G, BENJAAFAR S. Make to Order, Make-to-Stock, or Delay Product differentiation? A Common Framework for Modeling and Analysis [J]. IIETransactions, 2004, 36 (6): 529-546.

[26] 王倩．模块化设计在服装大规模定制中的应用研究［N］．中国服饰报，2018-08-31（10）．
[27] 陈凌峰，赵剑冬．大规模定制模块化形成机理研究——基于供应链协作视角［J］．技术经济与管理研究，2018（9）：3-7.
[28] PINE II J B. Mass Customization：The New Frontier in Business Competition［M］．Boston：Harvard Business Press，1993.
[29] PINE II J B. VICTOR，BOYTON A. Making Mass Customization Work［J］．Harvard Business Review，1993，71（5）：108-111.
[30] ANDERSON D M，Pine II B J Agile Product Development for Mass Customization［M］．New York：McGraw-Hill，1997.
[31] YANG J H，KINCADE D H，CHEN Y，JESSIE H. Types of Apparel Mass Customization and Levels of Modularity and Variety：Application of the Theory of Inventive Problem Solving［J］．Clothing And Textiles Research Journal，2015，33（3）：199-212.
[32] MING-CHUAN CHIU，GüL OKUDAN. An investigation on the impact of product modularity level on supply chain performance metrics：an industrial case study［J］．Journal of Intelligent Manufacturing，2014，25（1）：129-145.
[33] RADWAN E，HADJ K，BRUNO A，BERNARD P. An experimental study for the selection of modules and facilities in a mass customization context［J］．Journal of Intelligent Manufacturing，2010，21（6）：703-716.
[34] ABDUL M S，KESAVA RAO V V S，Ch. Srinivasa R. Development of modular manufacturing systems—a review［J］．The International Journal of Advanced Manufacturing Technology，2015，76（5）：789-802.
[35] DA ROCHA CECILIA G，FORMOSO CARLOS T，TZORTZOPOULOS P. Adopting Product Modularity in House Building to Support Mass Customisation［J］．Sustainabi-lity，2015，7（5）：4919-4937.
[36] 王安正，关惠元．面向大规模定制的实木家具产品设计标准化研究［J］．家具与室内装饰，2018（10）：56-59.
[37] ASHOK K. Mass Customization：Metrics and Modularity［J］．International Journal of Flexible Manufacturing Systems，2004，16（4）：287-311.
[38] ASHOK K. From mass customization to mass personalization：a strategictransformation［J］．International Journal of Flexible Manufacturing Systems，2007，19（4）：533-547.
[39] 模块化设计分析．模块化设计案例集［Z/OL］（2014-09-18）［2019-05-06］．https：//wenku. baidu. com/view/afbce72631b765ce04081409. html.
[40] 方爱华，卢佳骏．大规模定制条件下创新文化研究新视角——模块化设计及流程自动化的二次影响［J］．科学学与科学技术管理，2017，38（4）：117-125.
[41] SUBHASH W，MADHAWAN M，Avneet S. A network approach for modeling and design of agile supply chains using a flexibility construct［J］．International Journal of Flexible Manufacturing Systems，2007，19（4）：410-442.
[42] TOMMCLEIN I D，WALSH K D，HERSHAUER J C. Improving Capital Projects Supply Chain

Performance [M]. Austin: Construction Industry Institute, 2003: 241.
[43] SHANA S, GREGORY C S, ROGER J, CHIH-HSING C. Mass customization in the product life cycle [J]. Journal of Intelligent Manufacturing, 2013, 24 (5): 877-885.
[44] CORONADO A E, LYONS A C, KEHOE A M. Enabling Mass Customization: extending build-to-order concepts to supply chains [J]. Production Planning& Control, 2004, 15 (4): 398-411.
[45] MIKKOLA J H. Supply-chain integration: implications for mass customization, modularization and postponement strategies [J]. Production Planning&Control 2004, 15 (4): 352-361.
[46] XU Y P, CHEN G X, ZHENG J L. An integrated solution-KAGFM for mass customization in customer-oriented product design under cloud manufacturing environment [J]. International Journal of Advanced Manufacturing Technology, 2016, 84 (1-4): 85-101.
[47] DENG K, YUAN M H, CHEN S. Key Technologies of Reconfigurable Assembly Line For Mass Customization [C]. Proceedings of the 3rd international conference on mechanical engineering and intelligent systems (ICMEIS 2015), 2015, 26: 212-217.
[48] 钱芝网．大规模定制化与供应链管理 [J]. 技术经济与管理研究，2005 (5): 80-81.
[49] 程德通，黄海棠．面向大规模定制供应链的竞争优势及其实施措施 [J]. 经济师，2006 (12): 189-190.
[50] 王文．面向供需网的大规模定制企业信息协同管理模型构建 [J]. 东南大学学报（哲学社会科学版），2014 (6): 83-87.
[51] 孙天法．柔性制造战略 [J]. 经济管理，2004 (7): 11-12.
[52] 段宝国，张晓黎．基于快速响应的大规模定制生产模式研究 [J]. 中小企业管理与科技（上旬刊），2018 (11): 26-27.
[53] 黎泰松．大规模定制下的整车厂系统方案 [J]. 汽车实用技术，2019 (2): 146-148.
[54] 熊佳玮，樊树海，张文倩．基于大规模定制生产的设备布局模拟系统设计 [J]. 实验技术与管理，2018, 35 (12): 147-151.
[55] 张明超，孙新波，钱雨，李金柱．供应链双元性视角下数据驱动大规模智能定制实现机理的案例研究 [J]. 管理学报，2018, 15 (12): 1750-1760.
[56] 程豪，陈淮莉．生产扰动下的大规模定制流程优化研究 [J]. 计算机应用与软件，2018 (8): 50-54, 78.
[57] 翟丽丽，王欢，祁凯，吴飞．面向大规模定制的柔性生产计划研究 [J]. 计算机应用研究，2012, 29 (7): 2544-2548.
[58] KOTHA S. Mass Customization: Implementing the Emerging Paradigm for Competitive Advantage [J]. Strategic Management Journal, 1995 (16): 21-42.
[59] CHARU C, JĀNIS G. Logistics and Supply Chain Management for Mass Customiza-tion [C]. Mass Customization—A Supply Chain Approach, 2004: 89-119.
[60] HOSSAM I, IAIN R, Jenny P, Ivan A. Mass Customization: Balancing Customer Desires with Operational Reality [C]. Mass Customization: Challenges and Solutions International Series in Operations Research & Management Science, 2006: 85-109.
[61] MAHNOOSH Z, SILVIA M, MARCO T. Mass Customization in Supply Chain Level: Development of

a Conceptual Framework to Manage and Assess Performance [C]. Advances in Production Management Systems (APMS 2013), 2013: 81-90.

[62] 邵晓峰，季建华，黄培清．面向大规模定制的供应链模型的研究 [J]. 制造业自动化，2001 (6): 22-25.

[63] 杨亚齐．大规模定制营销：供应链管理下的新趋势 [J]. 经济师，2004 (8): 7-8.

[64] 姚建明．大规模定制模式下的供应链调度理论与方法 [M]. 北京：中国物质出版社，2009.

[65] 车帅，李云山，贺可太，李海军．基于 Internet 的大规模定制集成系统 [J]. 航空制造技术，2005 (7): 74-76.

[66] BOWERSOX D J, CLOSS D J. The Integrated Supply Chain Process [M]. New York: McGraw-Hill, 1996.

[67] BRUNT D, RICH N, HINES P. Aligning Continuous Improvement Along the Value Chain [C]. London: Seventh International IPSERA Conference, 1998: 80-88.

[68] MSRCIA P, AMRIK S. Effective quick response practices in a supply chain partnership [J]. International Journal of Operations & Production Management, 2001, 21: 840-854.

[69] VIJAYAN S, ANDREAS J D, STEFAN K. Supporting mass customization with agent-based coordination [J]. Information Systems and E-Business Management, 2006, 4 (1): 83-106.

[70] GIOVANI J CDA S, REBECCA A. The direct and mediated relationships between supply chain coordination investments and delivery performance [J]. International Journal of Operations & Production Management, 2007, 27 (2): 140-158.

[71] JORGE E H, JOSEFA M, RAÚL P, Andrew C L. Collaborative Planning in Multi-tier Supply Chains Supported by a Negotiation-Based Mechanism and Multi-agent System [J]. Group Decision and Negotiation, 2014, 23 (2): 235-269.

[72] 杨水利．大规模定制产品敏捷开发的组织管理研究 [J]. 经济管理，2001 (22): 28-32.

[73] 刘瑜，但斌，周博．基于电子商务的大规模定制 [J]. 工业工程与管理，2004 (2): 27-30.

[74] 刘朝刚．面向大规模定制的供应链合作的结构模型 [J]. 科技管理研究，2009 (6): 436-437.

[75] GOLDMAN S L, NAGEL R N. Management, technology and agility: the emergence of a new era in manufacturing [J]. International Journal of Technology Management, 1993, 8 (11).

[76] 刘杰．大规模定制下的组织结构探析 [J]. 乡镇企业研究，2004 (5): 26-27.

[77] YAO J M, LIU L W. Optimization Analysis of Supply Chain Scheduling in Mass Customization [J]. International Journal of Production Economics, 2009 (1): 197-211.

[78] 姚建明．服务大规模定制模式下的供应链调度优化 [J]. 运筹与管理，2015 (2): 10-18.

[79] YAO J M, DENG Z L. Scheduling Optimization in the Mass Customization of Global Producer

Services [J]. IEEE Transactions on Engineering Management, 2015, 62 (4): 591-603.
[80] LIU W H, WANG Q, MAO Q M. A scheduling model of logistics service supply chain based on the mass customization service and uncertainty of FLSP's operation time [J]. Transportation Research PartE—Logistics And Transportation Review, 2015, 83: 189-215.
[81] 杨文伟，樊蓓蓓，李聪．基于改进粒子群算法的大规模定制生产调度问题研究 [J]. 计量与测试技术，2018 (8): 19-23.
[82] 张鹏，林杰，刘思伟．基于多种群蚁群算法的大规模定制供应链调度 [J]. 计算机工程，2011 (4): 196-198.
[83] 单汨源，吴娟，梁盛，彭丹妮．大规模定制环境下多项目计划过程模型及其应用研究 [J]. 科学技术与工程，2007 (5): 2265-2272.
[84] 孙靖，林杰．信息不完全共享下 MC 供应链动态调度模型研究 [J]. 系统仿真学报，2007 (9): 1943-1949.
[85] 梁浩，陈喜爱，刘斌，陈劲杰．面向大规模定制的供应链计划模型研究 [J]. 机械管理开发，2006 (12): 17-21.
[86] 王国平．东西方文化差异与企业发展——以通用电器、苹果公司、松下电器、三星集团及国内有关企业为例 [J]. 上海市经济管理干部学院学报，2012 (1): 1-7.
[87] 罗旭祥．精益求精 [M]. 北京：机械工业出版社，2010.
[88] 吴迪．用好经济杠杆，助推节约型社会建设 [N]. 工人日报，2017-12-01 (3).
[89] 慧文文．海尔全屋家居传承海尔文化以品质和服务创造感动 [J]. 中国质量万里行，2019 (1): 51.
[90] 江宏，任芳．海尔空调胶州互联工厂：实现用户需求驱动的大规模定制 [J]. 物流技术与应用，2019 (1): 70-74.
[91] 胡泳．海尔卖家电如海鲜 [J]. 知识经济 e 企业．2004 (4): 18.
[92] 百度知道．海尔砸冰箱事件具体是怎么一回事？[Z/OL] (2018-10-16) [2019-05-06]. https://zhidao.baidu.com/question/14683605.html.
[93] 海尔．名牌战略阶段/集团战略/海尔集团 [Z/OL] [2019-05-06]. http://www.haier.net/cn/about_haier/strategy/brand_strategy/.
[94] 张丽．完善成套化厨电战略破局 2018 年海尔厨电持续逆势上扬 [J]. 家用电器，2019 (1): 24-25.
[95] 王倩．模块化设计在服装大规模定制中的应用研究 [N]. 中国服饰报，2018-8-31 (10).
[96] 张玉斌，刘艳华，胡玉良，张威．大规模服装定制与智能生产系统网络集成 [J]. 天津纺织科技，2018 (4): 26-28.
[97] B. 约瑟夫·派恩．大规模定制：企业竞争的新前沿 [M]. 北京：中国人民大学出版社，2000.
[98] 林永青．创新原则：成长初期的新经济文化 [J]. 金融博览，2019 (2): 44-45.

第 3 章

精柔文化路径：MC 企业提升自主创新力的重要路径

3.1 提高企业自主创新力的文化路径

3.1.1 企业自主创新的内涵及其创新驱动意义

2006 年 1 月 9 日，胡锦涛同志在第四次全国科技大会上强调“为建设创新型国家而努力奋斗”。[1]同年，我国国务院颁发《国家中长期科学和技术发展规划纲要（2006——2020 年)》，强调将自主创新能力提到国家战略层面[2]。中共十八大确定“创新驱动”作为我国重要发展战略。2016 年，我国“两会”明确指出供给侧结构性改革的重要性及其基本路径[3,4]，并确定供给侧结构性改革要以创新为核心与灵魂[5]。供给侧结构性改革“三大发动机”的核心都是创新[6]。习近平总书记强调指出创新是引领发展的第一动力，抓创新就是抓发展[7]。李克强总理 2016 年的政府工作报告始终贯穿着创新、协调、绿色、开放、共享的发展理念[8]。

我国正坚定地走在“创新型国家”发展道路上。自主创新管理是实现我国建设创新型国家战略目标的重要举措。自主创新能使我国的供给体系更适应当前日趋呈现“个性化、多样化”等多变化特征的市场需求状况，是能根本解决产能过剩、库存积压等供给侧结构性问题的重要良策。企业是国家创新体系的主体，企业自主创新能力不仅是企业竞争力的重要源泉，也是国家竞争力的重要支柱。针对企业自主创新管理优化、为自主创新驱动供给侧发展出谋划策的相关研究是国策要求、势在必行，具有重要意义。

“自主创新”是我国在特定背景下产生的专用术语[9]，其强调“自主”，即非简单模仿与引进。由于国外文献很少使用“自主创新”这一名词，本文主要基于国内文献研究“自主创新”的内涵。通过中国知网数据库，笔者组织课题组查阅、学习了“篇名”“企业自主创新”的相关文献 10299 篇。表 3-1 列出 3 位专家作者对“自主创新”内涵的理解。

表3-1　自主创新的内涵

作者（年份）	自主创新的内涵
陈劲（1994）[10]	最早使用“自主创新”概念，认为在众多推动技术进步的模式中，掌握技术的本质还是要通过学习过程
施培公（1996）[11]	自主创新具有不同层次的含义，当用于表征企业创新活动时，自主创新是指企业通过自身努力，攻破技术难关，形成有价值的研究开发成果，并在此基础上依靠自身的能力推动创新的后续环节，完成技术成果的商品化，获取商业利润的创新活动
傅家骥（1998）[12]	当用于表征国家创新特征时，是指一国不依赖他国技术，而依靠本国自身力量独立研究开发，进行创新的活动。自主创新是指企业通过自身努力和探索产生技术突破，攻破技术难关，并在此基础上依靠自身的能力推动创新的后续环节，完成技术的商品化，获取商业利润，达到预期目标的创新活动

后来的学者和专家对“自主创新”内涵的认识并不存在较大歧义。例如，洪俊杰和石丽静[13]指出：“企业自主创新是以企业为主体的，主要利用企业自身研发力量及企业资源展开的创新活动。”周圣强[14]指出：“企业自主创新是企业自主研发，有利于企业保护产权，构建企业核心竞争优势。”姜丰伟[15]指出：“企业自主创新是指企业为了自身需要而自发进行的创新活动。我们可以将其分为：高级层面，以老板或CEO为主的公司级的自主创新；中级层面，以分管高层和部门经理为主的自主创新；基层层面，以车间主任为主的自主创新。这样每个层次都能够达到自主。自主就是自己做主、自己主导：我需要什么就干什么，只有自主才有活力。”苏杨和罗万有[16]指出：“自主创新是指通过提高原始创新能力、技术引进消化吸收能力和集成创新能力，实现产品创新、工艺创新、营销创新和组织创新进而提高竞争力的活动。”薛伟莲等[17]指出：“自主创新是依靠内部革新的力量实现关键环节的突破，是实现各个经济主体和社会主体健康可持续良性循环发展的根本动力，是一个持续创造、更新和改进的过程。”

早在1985年，迈克尔·波特（Porter）[18]就认为经济发展其实应该有四个阶段：第一是要素驱动阶段；第二是投资驱动阶段；第三是创新驱动阶段；第四是财富驱动阶段。我国当前经济发展特征符合第三阶段即“创新驱动”特征，不再过度依赖生产要素与投资，在引进国外先进科技的同时，企业自主的创新活动也必须同步、持续进行，推动着产业发展的高级化与先进化，基于自主研发创新提高企业与国家的国际竞争力，推动经济快速发展。也就是说，创新驱动是国家经济快速发展的必经阶段，这个阶段既不同于要素驱动阶段，避免了传统生产要素容易被模仿的弊端；又不同于投资驱动阶段，避免了过度依赖与过度投资造成重污染等弊端。而我国目前正处于财富积累阶段，迫切需要通过创新驱动大量积累财富。根据Porter的分析，创新是国家获取高层次的、可持续发展竞争优势的最重要途径。

我国对自主创新的创新驱动意义的普遍认识开始于2006年的第四次全国科技大会，从那时起，我国政府高度重视自主创新。2012年7月，胡锦涛同志在全国科技创新大会上首次提出创新驱动发展战略，并于中共十八大正式确定创新驱动为我国的发展战略[19]。之后，国内关于自主创新驱动企业发展的研究文献日益增多。自主创新是创新驱动企业发展战略的基点[20]。自主创新驱动企业发展的本质是依靠自主创新提高企业生产要素的产出率，[21]其实质上是“以人为本”的发展模式，从根本上改变了过去以加重环境污染或恶化生态环境为沉重代价的经济发展模式，重视智力资源的自主开发、挖掘各种资源的再生价值，节约资源并创造价值[22]，对于从根本上解决我国经济发展难题，促进我国创新型国家建设具有重要意义。我国国务院于2015年5月正式印发的《中国制造2025》中强调：自主创新驱动我国制造业发展是重要的方针之一[23]，其必然从多维度（要素维、动力维、竞争维）提升我国企业动力[24]，是我国企业节约能源、平稳发展、助推我国2020年全面实现小康社会奋斗目标的必由之路[25,26]。随着大规模定制（MC）模式企业的兴起，越来越多企业开始研究大规模定制（MC）模式企业如何提高自主创新力。例如，张维杰[27]分析了海尔10余年来探索、实施大规模定制（MC）模式并构建自主创新体系的实例；赖荣燊等[28]提出大规模定制（MC）模式制造企业的产品族再设计自主创新策略、升级设计自主创新策略以及扩展设计自主创新策略等。

3.1.2 企业文化与企业自主创新力

自主创新既是供给侧结构性改革的关键驱动要素，又迫切需要被驱动。如何科学驱动企业自主创新呢？目前有大量文献强调“资金驱动”“融资驱动”“合作驱动”“政策驱动”等财政驱动路径或外部驱动路径。那么，企业如何在现有的科技直接投入水平下，通过企业内部的改善提高企业自主创新力呢？本书强力推荐文化路径。

“一个优秀的企业之所以能够长期生存和发展，最主要的优势是依靠其企业文化的力量调动企业全体成员的积极性，凝聚所有成员的力量，而并不仅仅是企业的结构形式或管理技能。”[29]企业文化对企业创新有重要意义，甚至可以说“文化是创新的决定性因素之一”[30,31]。企业于技术创新方面不同归根结底是企业文化的不同造成的[32,33]。国内外有较多学者发表了相关研究成果。如Taha等[31]分析指出组织文化对创造力与组织创新有重要影响；Hasan等[30]认为文化是创新的决定性因素之一；Salimi和Aveh[33]基于对员工工作丰富化的研究进一步明确组织文化与创新的密切关系；Glisson[34]认为组织文化犹如组织气候，对组织创新及其有效性有重要影响，企业的文化环境对企业员工的影响不容忽视[35]。倪清等[36]强调组织文化是组织中个体创新的重要影响因素之一；Salimi 等[33]基于对员工工作丰富化的研究进一步明确组织文化与组织及员工创新的密切关系。Khoja 等[37]认为企业文化会促进企业员工对外部知识的吸收，从而使他们的创新力提升；Lukić Tamara 等[38]分析指出企业文化对企业创新与员工的工作满意度有重要影响；谢仁寿[39]指出企业文化创新是提升高科技企业技术创新能力内在动力；李海军等[40]指出企业文化对企业技术创新具有不可忽视的影响力，可以为企业技术创新提供动力和智力支持，能增强企业凝聚力，激发企业活力，应该营造良好的企业文化来带动企业技术创新；刘元芳[41]指出优秀的企业文化有力地推动企业持续、全面的技术创新，而企业技术创新每一个环节都要人参与活动，都对企业价值观、企业精神、企业形象产生潜移默化的深刻作用。

3.1.3　对我国 MC 企业内驱自主创新路径的调研结果

1. 现有相关研究汇总

有价值的研究往往是建立在前人研究基础上的创新。为了提高研究的科学性，通过中外数据库与图书馆努力全面查找近年相关研究资料。客观的查询结果显示，现在对大规模定制（MC）模式企业自主创新管理的优化路径研究仍然极少。考虑到现在大多数传统的大规模生产（MP）模式企业已转型为能够适应 21 世纪新环境的大规模定制（MC）模式企业，有一些相关研究文献虽没有明确区分大规模定制（MC）模式与大规模生产（MP）模式，但其研究成果也适用于大规模定制（MC）模式企业，因此将提升企业自主创新途径的相关文献尽可能都收集汇总起来，共收集阅读了 3097 篇中文文献与 572 篇外文文献（由于“自主创新”是我国的创新名词，572 篇国外文献其实并没有专门针对“自主创新”进行研究，所以最后不得不去除大多数国外文献），并将其中有代表性的相关研究观点列于表 3-2 中（由于笔者立足于研究在现有政策、法律、金融支持力度、合作支持、技术环境等企业外界环境条件下，MC 模式企业在现有的科技投入条件下如何优化企业内部自主创新管理、提升企业自主创新力，因此关于改善政策、法律、金融支持、合作支持、提高科技投入和引进外来技术的陈旧途径不录用）。

表 3-2　近年优化企业自主创新管理路径的相关研究

作　　者	发　布　年	优 化 途 径
张小利[42]	2018	1）企业文化；2）创新意识；3）激励机制；4）优化组织
热沙来提[43]		1）优化创新环境；2）提高创新管理水平
李群[44]		1）创新人才；2）人才环境
黄子殷，等[45]		1）创新人才；2）体制改革

（续）

作　者	发布年	优化途径
刘颜平[46]	2017	企业文化
王敏，等[47]		战略优化
丁怡娜[48]		薪酬激励
丁源，等[49]	2016	1）补贴激励；2）培育人才
刘畅，等[50]		1）人才培养；2）创新平台
鲁碧英[51]		1）人本理念；2）创新人才
李海超，等[52]		1）突破、改进；2）模仿、集成
刘丽洋，等[53]		1）企业文化；2）创新人才
晏发发，等[54]		1）企业文化；2）企业家；3）技术开发；4）创新战略；5）激励机制；6）人员素质；7）创新管理
苏淑艳[55]		开拓思路
马洪侠[56]		1）管理理念；2）人资管理；3）管理战略；4）文化氛围；5）激励机制
肖天明[57]		1）企业文化；2）员工创新
何怡[58]		1）塑造品牌；2）文化构建；3）需求导向；4）技术方法；5）整体管理
刘焱[59]		1）培养企业家精神；2）创新精神
褚阳[60]		1）企业家；2）培养人才；3）创新模式；4）制度创新；5）技术方法
马宗国[61]		1）管理体系；2）组织管理；3）技术方法；4）创新环境；5）成员实力
Xiao，等[62,63]		1）精柔思维；2）提升员工自主创新力
Yang，等[64]		信息技术方法
Kleiman[65]	2015	激励员工
李晓晨[66]		1）以人为本；2）人才培养；3）人才激励
陈炜[67]		1）优化流程；2）员工创新；3）需求主导
李作民[68]	2014	1）创新理念；2）市场需求；3）人才队伍；4）良好环境；5）激励机制；6）内部管理
张林，等[69]		优化创新环境
朱杰[70]		1）培养人才；2）员工激励
蔡春红，等[71]		1）创新引领消费者市场；2）创新文化
徐达奇，等[76]		1）企业文化；2）把握自主创新的契机
王巧苗[72]		1）人才管理；2）管理创新；3）文化建设
夏英卓[73]	2013	1）创新人才；2）优化激励；3）创新环境
申宇[74]		1）创新意识；2）结合市场；3）培养人才
赵子茹[75]		1）提升企业负责人；2）激发员工创造力；3）创新文化
Zuniga，等		创新战略
Gillece[77]		1）创新目标；2）创新计划；3）员工教育
汤昌仁，等[78]		深化完善自主创新体制

2. 问卷调研简述

笔者基于充分的调研准备（包括理论准备与实践准备）、充分的文献阅读、各地大规模定制（MC）模式企业调研学习、企业家访谈、研发人员访谈、培训班学习、参与相关学术与实践研讨会议、与985高校学者的交流与思考，根据当前阶段我国大多数企业（包括MC模式企业）亟需构建自主创新管理平台、亟需稳步提升自主创新力的实情，将我国大规模定制（MC）模式企业提升自主创新力的主要路径归纳为20个（假设企业不特别加大科技研究开发的直接投入资金）：A. 优化管理思想理念；B. 优化创新战略与计划；C. 优化企业文化；D. 优化激励机制；E. 品牌建设；F. 以客户定制与市场为导向；G. 优化信息技术方法平台；H. 提高企业家的创新能力；I. 创新人才队伍培养；J. 开拓创新思路；K. 选择适合企业的创新模式和方法；L. 构建学习型组织；M. 加强企业创新成本控制；N. 建立多层次研发体系；O. 优化创新流程；P. 建立高水平研发机构；Q. 提高企业知识价值链管理水平；R. 强化海外并购层次和水平；S. 创新能力全球化；T. 促进员工自我管理。问卷为每个路径设置一个问题，每个问题设置5个层次的选项，要求受调研者在“不重要（1分）”；“较不重要（2分）”；“中等重要（3分）”；“较重要（4分）”；“很重要（5分）”中单项选择。问卷的发放对象是大规模定制（MC）模式企业员工（要求是企业中高层管理者和一线研发人员）。笔者在同学、朋友、学生等多方协助下，在北京、重庆、上海、天津、福州、南京、广州、深圳、昆明、沈阳等地展开严谨的问卷调研，最终用于统计与分析的有效问卷有367份，这些有效问卷都来自于大规模定制（MC）模式企业中高层管理者与一线研发人员。采用层次分析法、SPASS软件、EXCEL软件、MATLAB软件等统计和分析结果显示：路径“C优化企业文化”的重要程度排序在第三名，名列前茅。优化企业文化是提升大规模定制（MC）模式企业员工自主创新力的重要途径，企业切不可忽视企业文化对提升大规模定制（MC）模式企业自主创新力的作用；但同时也应该明白，企业文化对企业（包括MC模式企业）及其员工自主创新的作用力并不都是促进型的。只有优秀的企业文化才能促进企业（包括MC模式企业）及其员工自主创新。传统的粗放、刚性企业文化对企业（包括MC模式企业）及其员工创新的作用力是阻碍型的。那么，什么样的企业文化可以有效促进大规模定制（MC）模式企业的自主创新呢？

3.2　精柔型企业文化

美国通用电气公司的总裁兼CEO、被誉为“20世纪最伟大的CEO”“经理人中的骄傲”和“经理人中的榜样”的杰克·韦尔奇（Jack Welch）认为：“企业成功最重要的就是企业文化。企业的根本是战略，而战略本质就是企业文化”。[79]

驱动企业自主创新，要求企业具备有利于促进企业自主创新的“无形规则”，即促新型企业文化环境。

1）企业必须具备“以人为本”的文化环境，充分激发各级管理者与员工的创新积极性。

2）企业必须具备“有的放矢、精益求精”的文化环境，有明确的促新目标，并执着追求最佳工作质量。

3）企业必须具备“与时俱进、动态权衡各行业环境”的文化环境，互联网时代各行业都需要现代化、没有创新就没有发展，企业须能采取最符合各行业当前客观环境特征的有效促新举措。

4）企业必须具备“柔性求新、敢于创新与突破”的文化环境，以柔性思维突破传统工作方式与思维“禁锢”是企业“破旧促新”的关键。

5）企业必须具备“精简节约、消除一切浪费”的文化环境，降低促新成本，力争以最少的资源消耗实现创新目标。

建设创新型企业，亟需能够营造上述促新型环境氛围的优秀企业文化。精益求精型企业文化具备渲染“有的放矢、精进求精、精简节约、消除一切浪费”环境氛围的优势，柔性求新型企业文化具备渲染“以柔克刚、高度以人为本、与时俱进、动态权衡各行业环境、柔性求新、敢于创新与突破”环境氛围的优势。因此，特别推荐“精益求精、柔性求新”型企业文化（精柔型企业文化）。

3.2.1 什么是精柔型企业文化

精柔型企业文化是以“柔性求新、精益求精”为精神基础的，既追求完美又不断突破、既百折不挠又动态适应、既严肃认真又以人为本、既精细严谨又善用巧智的企业规则、企业形象、精神理念、价值观、道德观、行为准则、制度氛围等的总和。

当前，学术界与企业界对企业文化的理解通常有狭义理解与广义理解两大类。若从狭义角度理解企业文化的内涵，企业文化主要指企业精神、理念层面的文化。而从广义角度理解企业文化的内涵，企业文化不仅指企业精神、理念层面的文化，而且包括企业制度层面的文化、企业行为层面的文化、企业物质层面的文化。本书采用企业文化的广义理解。精柔型企业文化包括既精益求精又柔性求新的企业精神文化；既优质低耗又富有创意的企业物质文化；恩威并重、奖优罚劣、严肃而人本的企业制度文化；以科学化、规范化、法制化、人性化、辩证化、求新求优化紧密结合为重要特征的企业行为文化（见表3-3）。

表3-3 精柔型企业文化的“四维”内涵

“四维”	具体包括	重要特点
精柔型企业精神文化	企业精神；企业经营理念；企业价值观等	既精益求精，又柔性求新
精柔型企业物质文化	企业服务或产品；企业形象；行政物质环境等	优质，低耗，有创意，消费者满意度高
精柔型企业制度文化	企业伦理道德规范；企业管理制度；企业法制意识形态等	恩威并重、奖优罚劣、严肃而人本
精柔型企业行为文化	具体的企业提供产品或服务行为；企业人员的人际关系活动；企业人员的日常办公、学习等行为	以科学化、规范化、法制化、人性化、辩证化、求新求优化紧密结合为重要特征

3.2.2 精柔型企业文化的基本文化特质

1. “精益求精”文化特质

“精益求精”文化特质的核心理念是“执着地追求精确、精干、精深、完美”，这是一种不屈不挠、“明知山有虎，偏向虎山行”、勤勇攻坚、持续完善、不完美不罢休的坚毅型、上进型文化氛围。许多优秀企业的企业文化都含有“精益求精”文化特质，例如，英特尔公司倡导“只有偏执狂才能生存”的企业文化。

2. “柔性求新”文化特质

“柔性”相对于“刚性”，克服了“刚性”的强制型、呆板性、局限性、单维性和守旧性，突破长期的思维习惯，不拘泥于固有模式，不墨守成规，具有体贴性、灵活性、动态性、辨证性、发展性、开放性、全局性、多维性、高弹性、变通性等特点。“柔性求新”文化特质渲染灵动的求新精神和态度，巧妙凝聚员工的归属感、激发员工创造力、塑造能突破思维禁锢的员工队伍。

3.2.3 精柔型企业文化的重要内容

精柔型企业文化的“四维”内涵中，精柔型企业行为文化由精益求精的企业行为文化和柔性求新的企业行为文化构成；精柔型企业精神文化由精益求精的企业精神文化和柔性求新的企业精神文化组成；精柔型企业物质文化由精益求精的企业物质文化和柔性求新的企业物质文化构成；精柔型企业制度文化由精益求精的企业制度文化和柔性求新的企业制度文化构成。精柔型企业精神文化是精柔型企业文化的核心，包括基于“精益求精”和“柔性求新”两大重要精神特质的企业精神、价值观、经营理念等要素。精柔型企业制度文化以精柔型企业精神文化为出发点，体现为企业的伦理规范、管理制度、法制意识形态等要素。精柔型企业行为文化是精柔型企业精神文化、精柔型企业制度文化在企业行为、企业家行为、企业员工行为观念上的折射和体现，主要表现为企业及其各层次员工自发的以“柔性求新 + 精益求精”特征的日常行为。精柔型企业物质文化是精柔型企业精神文化、精柔型企业制度文化和精柔型企业行为文化的物质载体，主要表现为企业产品和服务、企业形象、企业物质环境等物质形态。精柔型企业物质文化是精柔型企业精神文化、精柔型企业制度文化、精柔型企业行为文化在企业物质形态上的体现，以包括企业创新成果在内的高价值产品和服务、“精”“细”“勤”“勇”“柔”“新”的企业形象等为重要体现。根据企业精神、制度、行为和物质文化的关系[80]，精柔型企业精神文化、精柔型企业制度文化、精柔型企业行为文化、精柔型企业物质文化的关系如图3-1所示。

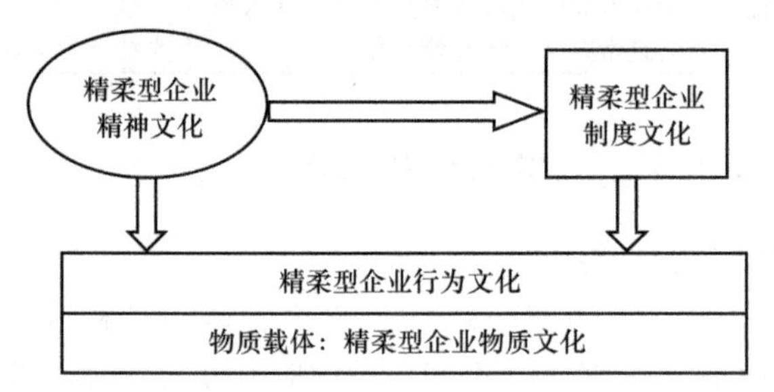

图3-1　精柔型精神、制度、行为、物质企业文化的关系

1. 精益求精的企业行为文化

精益求精的企业行为文化，即具备“精益求精”特质的企业行为文化，是精益求精的企业精神文化和制度文化在生产经营活动、人际关系活动、学习娱乐活动等过程中企业行为、企业家行为、企业员工行为上的折射和体现，通常表现为企业整体、领导和员工的勤勇攻关、锲而不舍等精益求精行为。

2. 精益求精的企业精神文化

精益求精的企业精神文化，即具备“精益求精”特质的企业精神文化，是指企业经营理念、价值观、道德伦理观念强调精益求精精神，认为应用科学方法、科学技术和手段追求“零缺陷”“零故障”“零浪费”“零客户抱怨”的完美业绩是十分必要的，自觉抵制传统的“中庸”经营理念、价值观、道德伦理观念。

3. 精益求精的企业物质文化

精益求精的企业物质文化，即具备“精益求精”特质的企业物质文化，是精益求精的企业精神文化、制度文化和行为文化在企业产品、服务、形象等物质形态上的体现，是企业内在的精益求精精神文化、制度文化、行为文化被外界认识和认可的重要渠道，具体包括高精质量的产品和服务、恒精持进的企业形象等。

4. 精益求精的企业制度文化

精益求精的企业制度文化，即具备“精益求精”特质的企业制度文化，是以精益求精的企业精神文化为出发点，于企业的伦理规范、法制意识形态、规章制度中明确体现并强调精益求精精神，奖励、表扬精益求精事迹、态度和相应行为，惩罚、批评敷衍应付、不求上进、怠惰等“不求精”的态度和相应行为。

5. 柔性求新的企业行为文化

柔性求新的企业行为文化，即具备“柔性求新”特质的企业行为文化，是柔性求新的企业精神文化和制度文化在生产经营活动、人际关系活动、学习娱乐活动等过程中企业行为、企业家行为、企业员工行为上的折射和体现，通常表现为企业整体、领导、员工的随机应变、灵动突破等柔性求新行为。

6. 柔性求新的企业精神文化

柔性求新的企业精神文化，即具备“柔性求新”特质的企业精神文化，是将柔性的求新精神融入企业经营理念、价值观、道德伦理观念中，认为“刚性守旧”不能适应当前的竞争态势，以“柔性求新”为荣，并互相影响，形成浓郁的、弥漫于全企业的“自觉思考、善于应变、不断求新”的良好的精神氛围。

7. 柔性求新的企业制度文化

柔性求新的企业制度文化，即具备“柔性求新”特质的企业制度文化，是以柔性求新的企业精神文化为出发点，于企业的伦理规范、法制意识形态、规章制度中明确体现并强调柔性求新精神，奖励、表扬柔性求新事迹、态度和相应行为，惩罚、批评呆板、守旧等“刚性”“不求新”的态度和相应行为。

8. 柔性求新的企业物质文化

柔性求新的企业物质文化是柔性求新精神文化、制度文化和行为文化在企业产品、服务、形象等物质形态上的体现，是企业内在的柔性求新精神文化、制度文化、行为文化被外界认识和认可的重要渠道，具体包括新颖的产品和服务设计、别致的产品包装等。

精柔型企业文化的重要内容如图 3-2 所示。

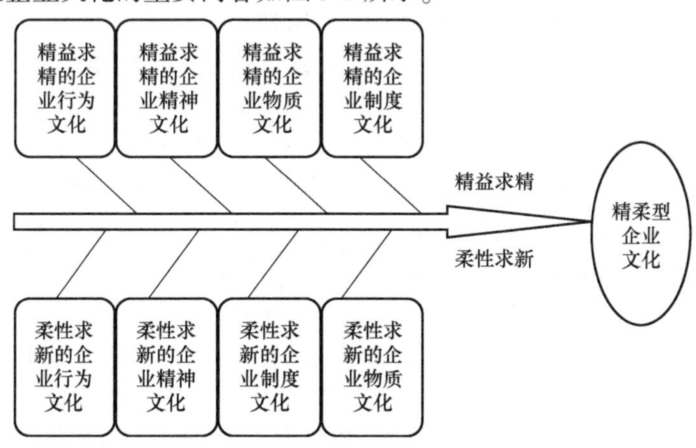

图 3-2　精柔型企业文化的重要内容

3.2.4 精柔型企业文化是创新型企业文化

根据 Wallach（1983）的研究，创新型企业文化的基本特征是：①促进创造，营造富有创造性的工作环境；②施加压力；③刺激进取，给予挑战，激励冒险，富有动力；④也对那些背负压力、精疲力竭的员工敲响警钟。

那么，精柔型企业文化具备创新型企业文化的基本特征吗？企业文化体现一家企业的气质与形象。精柔型企业文化促使企业既具有“柔性求新”的气质与形象，又具有“精益求精”的气质与形象。企业具备“柔性求新”的气质与形象，则善用“巧智”、视野开阔、敢于突破、不墨守成规、有创造意识、创新灵感较丰富；企业具备“精益求精”的气质与形象，则追求卓越业绩、积极进取、锲而不舍、百折不挠、勤勇攻坚。精柔型企业文化一方面能营造促进创造灵感和创新动力的工作环境，另一方面也能促使员工积极接受工作任务和挑战，化工作压力为动力，刺激、强化员工上进心，推动员工进取，强化员工创新力，批评或对背负压力、精疲力竭的员工敲响警钟。也就是说，精柔型企业文化与 Wallach 指出的创新型企业文化基本特征完全相符，是一种创新型企业文化。

成功的创新型企业必然有成功的企业文化——既精益求精又柔性求新的精柔型企业文化。以青岛海尔集团的企业文化为例：“一直主打自主创牌和高端引领”的青岛海尔集团是一家典型的创新型企业。目前，青岛海尔集团在全球有十大研发中心[81]，始终以强大的创造力“挑战不可能”和“创造新可能”[82]。“精益求精 + 柔性求新”是青岛海尔集团企业文化的重要内涵。一方面，海尔集团的企业文化是“全员同心同德塑造品牌、争创一流”的精益求精企业文化。海尔集团始终坚持“今天是对昨天的否定，明天是对今天的否定”。海尔人认为：“我要改善不是因为我不好，而是因为我要做得更好”。海尔人执着追求“今天我会比昨天做得更好”。海尔集团首席执行官张瑞敏要求每个海尔员工“每天都要塑造一个新的自我，若不能自我创新就等于自我抛弃”。也正是因为有了这样的要求与标准，海尔人不断进取，不断开拓，不断提高，每天都有所创新和收获，始终坚持“有缺陷的产品就是废品”“先卖信誉，再卖产品”的原则，追求“最可靠的质量”。在精益求精精神文化的熏陶下，海尔人以“近乎苛刻的标准”执着追求“零废品缺陷”“物流零距离”“仓储零库存”“用户零烦恼”等“完美化”目标，[83]并且始终、持续、不断改善。另一方面，海尔集团的企业文化也是“柔性求新”的企业文化。“海尔有个著名的斜坡球体理论，即发展壮大的企业好似球体，为使其在斜坡上不断向上，必须依靠两股力：止动力与提升力。止动力是基础工作，提升力就是创新”。[83]海尔人就处于“精益求精做好所有基础工作，同时集思广益、紧跟客户需求、调动和集成各种资源提升创新力”的企业文化氛围中。海尔的“柔性求新”精神体现在许多方面。例如，柔以待人，以人为本。坚持“用户永远是对的”和“用户的困难就是研究开发的课题”的海尔集团不仅以客户为本，要求实现100%的客户满意率；也以员工为本，主张“人人是人才，赛马不相马”的人才开发理念，尊重员工、关心员工、理解支持员工，让员工满意率达到100%；又如，永远的权变求新精神。过去的海尔是成功的，但海尔人不满足于过去，也不认为过去的工作“绝对好”或“绝对正确”。相反，海尔人总是应用柔性“权变”理念“自我批判”和“自我否认”，总是勇于面对环境变化和客户的新需求，迅速调整战术策略，以新思路、新举措、新产品、新服务应对所有的“变”。张瑞敏经常考虑的是，怎样比竞争对手变得更快，怎样才能保持领跑地位。“敌不动，己先变”是海尔的产品始终能抢占市场先机，立于不败之地的有力保障。[83]

3.2.5 精柔型企业文化与柔性企业文化、精细企业文化的比较

1. 柔性企业文化

柔性企业文化蕴涵的核心观念是动态观念、突破观念、权变观念和“以柔克刚”观念。柔性企业文化的“动态观”强调“随时而动”“随时而变”，认为社会环境随时间流动而发生改变，曾经适应环境之物会因环境变化而变成不适应环境之物；“不适者被淘汰”，不再适应环境的“旧物”应该被淘汰并“以新换旧”；强调企业工作的“适时性”，企业管理模式及其各项措施等都应该“适时改进”；主张企业创新的目的应该是能更好地为客户提供满意产品或服务，动态把握消费者对企业产品或服务的需求，紧密围绕企业客户对象的动态需求展开创新工作。柔性企业文化的“突破观”强调以辩证的眼光看待当前企业内外环境，善于发现“禁锢”并敢于打破“禁锢”；认为打破传统禁锢的目的是为了“立新”，要集思广益、广纳良言，给企业体系注入“新鲜血液”，构建适合本企业环境的新规制、新体系。柔性企业文化的“权变观”强调将企业经营管理与环境全面结合，认为只有“适境”的企业经营管理模式才是优选；主张“不绝对化”，不盲目崇拜“习惯性最优”，敢于批判“习惯性最优”并创新性提出优化策略；强调结合当前环境特征多维分析当前企业经营管理模式的优势与劣势，提倡创新性提出更适合当前环境特征的经营管理模式，以充分扬长避短、提高企业经营管理效果。柔性企业文化的“以柔克刚”观念强调应用人性化的“软”权力为基本特征的“柔性体系”代替以权为本、刚性化的刚性体系，尊重人权、以人为本，重视企业组织的服务性；强调柔性管理，尊重人的合理需求、提高企业人员的“士气”、“自创新”的积极性与“促创新”的被支持率；强调柔性思维，开拓企业人员的思路；提倡企业人员以适境巧妙的智慧之言、智慧之行、智慧之策代替刚性、呆板、不理智的行政言行策略；主张基于“仁+智”合理分权，设立分公司、事业部或将非核心业务外包，降低企业核心力量的负担；

巧借市场之力、政府之力、合作者之力与消费者之力，力求企业的长治久安。

从广义角度理解，柔性企业文化应包括柔性求新、敢于突破与创新的柔性企业精神文化，富有创意产出的柔性企业物质文化，高度关注员工合理需求、高度人性化的柔性企业制度文化，以开阔的思路，根据管理对象与环境变化而动态应变的，避免强权压制的柔性企业行为文化。柔性企业文化强调思路开阔、审时度势、尊重人权、与时俱进、动态应变，很有利于营造突破禁锢、士气高昂、易产生创新灵感的企业氛围，对提升企业自主创新力具有重要意义。但若仅有柔性企业文化又不足以稳定、持续提升企业的自主创新力，“柔性”如水一般“变化无常形”，虽然很有利于产生创新灵感与突破禁锢，但若缺乏科学原则为指导、缺乏精益求精和坚定恒毅的落实精神、缺乏“消除一切浪费”的理念，企业也很难以较低成本获得持久的自主创新力。柔性企业文化的基本特点见表3-4。

表3-4　柔性企业文化的基本特点

分　项	基本特点
人本与柔和	柔性企业文化营造“以柔克刚”的文化氛围，提倡应用尊重、感化、情感激励、领导者感召力等软性力量，以人为本，提升士气
广思与突破	柔性企业文化的思维基础是思路不受拘束、思维空间极开阔的柔性思维，营造“多维拓展思路”“集思广益”的文化氛围，对企业组织突破成规禁锢很有帮助
权变与求新	“权变”即“权衡与变化”，对理论方法的认识不绝对化，认为只有最符合环境特征的方法才是当前最有效方法。柔性企业文化营造“权衡环境，根据企业环境与下级组织当前环境的变化而调适变化”的企业氛围，推动企业各级部门、各项工作、管理者与被管理者根据环境变化而适应性创新
动态与应变	柔性企业文化营造“与时间同步，随机应变”的文化氛围，推动整个企业的“与时俱进”，避免不合时宜的举措

柔性企业文化有利于营造高度以人为本、与时俱进、辩证、不绝对化、广思、应变与敢于突破的企业工作氛围，是促进企业各级员工多维拓展思路、集思广益、动态求新、及时发现问题、解决复杂社会问题、捕获创新灵感的需要。

2. 精细企业文化

从学术角度上看，“精细化”理念是从制造业引入公共管理领域的[84]，20世纪中期日本丰田汽车公司应用“精细化”理念取得卓越业绩[85]，1996年，Womack教授基于对丰田汽车公司的“精细化”生产管理体系的深入研究完成巨著“Lean Thinking：Banish Waste and Create Wealth in Your Corporation”[86]，最早系统提出“精细化”理论方法及其基本原则，为后来“精细化”理念在世界范围、多领域的应用奠定重要的理论基础。“精细化”理念的核心涵义是以精益求精的精神，精准、精简、细致的模式，系统化、标准化、数据化、程序化的手段[87]，实现最优质量与效益。随着大数据时代到来，“精细化”理念应当越来越受到各类组织重视，对提升企业产品或服务供给的精细化，企业内部治理及供应链企业互动的精细化和精细化企业工作流程有重要意义。

简单地说，精细企业文化是弥漫于企业组织整体的，以精准、精简、细致的工作方式追求最优企业质量、最高企业效率和最大企业利益的企业“无形规则”与企业氛围。与传统的“模糊型”“粗略型”“中庸型”企业文化氛围相反[88]，精细企业文化包涵精益求精的企业精神文化并以“精准”“精简”“细致”为核心观念，在整个企业组织中渲染“好了还要更好”“用最低企业成本实现最优企业质量”的文化氛围。精细企业文化的“精准观”强调以“精准”代替“模糊”。提倡引进并应用大数据时代备受企业界重视的科学定量方法、云计算技术与协管软件，强化企业工作的定量化、信息化，提高企业决策与经营管理的科学性[89]，实施更精准的企业绩效考核和财政预算。精细企业文化的“精简观”强调“消除一切浪费”，根据客观问题特征与现实环境采用最恰当的方法简化、优化企业工作流程，节约企业资源、降低企业成本，努力实现低耗高效优质的企业经营管理效果。精细企业文化的“细致观”强调以“细致”代替“粗略”，认为企业工作应该细致化、认真化，提倡根据客观需要认真、细致地划分企业部门与岗位，每个岗位的工作量规范化，不重复设岗、不遗漏设岗，每个岗位都有明确的服务对象，每个岗位都应该为服务对象提供认真细致的服务。

精细企业文化应该包括精益求精、执着恒毅的精细企业精神文化；以优质低耗的企业产出为特色的精细企业物质文化；强调“零浪费”“零缺陷”等完美目标，形成精严的“以最低消耗追求完美”的精细企业制度文化；以细致、严谨、节约、求精为特征的精细企业行为文化。

精细企业文化有利于渲染系统化、标准化、规范化、数据化、“消除一切浪费”的企业氛围，是企业各级员工具备精准细致、精简节约、精益求精的精神，以科学方法实现优质、低耗创新的需要。传统粗放型企业文化与精细企业文化的比较见表3-5。

表3-5 传统粗放型企业文化与精细企业文化的比较

影响面	传统粗放型企业文化	精细企业文化
对企业浪费观的影响	不重视小浪费，忽视细节浪费，浪费现象较多	不但重视工作成果是否存在浪费，而且重视工作过程是否存在浪费。精简节约，追求“零浪费”
对企业员工工作态度的影响	粗枝大叶，不求精进，疏懒，得过且过，敷衍现象较多	认真、严谨、精益求精，持续改善，追求最优质效。“应付敷衍”的工作行为不符合企业道德观

（续）

影响面	传统粗放型企业文化	精细企业文化
对企业工作方法的影响	不追求最优方法，仍然沿用陈旧、低效、落后的方法。尽量不采用量化方法，常采用目测等定性方法代替定量分析	追求最有效的方法，淘汰陈旧、低效、落后的方法，采用客观与真实的数据说话，将定性方法与定量方法有机结合起来，建立科学的量化指标，精细测量、精细分析、精细考核
对企业形象的影响	中庸的、不求上进的企业形象，产品或服务质量不高，消费者满意度不高	锐意进取的企业形象，企业永远追求“更好、更优秀、更快捷、更让消费者满意”，企业努力实现与消费者“双赢”，消费者满意度较高
对企业创新力的影响	缺乏创新精神、创新意愿、创新品质，企业创新力薄弱	渲染追求更新、更好的工作环境，促进企业及其员工创新积极性，激发创新潜力

3. 精柔型企业文化的本质：“柔性+精细”企业文化

精柔型企业文化本质上是柔性企业文化与精细企业文化的整合。由于柔性理念具有如水般的“强大兼容性”，柔性理念与“精细化”理念完全相融是可行的。柔性企业文化的突破观、动态观、权变观、“以柔克刚”观念与精细企业文化中的精准观念、精简观念、细致观念全面融合，形成的“精柔相融”“精柔相生”的精柔型企业文化，是弥漫于企业组织整体的“在精细中柔性无处不在”“在柔性中精细无处不在”的企业工作规则。精柔型企业文化既具备精细企业文化的优势，又具备柔性企业文化的优势，渲染既精准细致又动态求新、既精简严肃又高度以人为本、恩威并重、与时俱进的企业氛围。精柔型企业文化蕴涵的核心观念是精准观、精简观、细致观、动态观、突破观、权变观、以柔克刚观（表3-6）。

表3-6 精柔型企业文化蕴涵的核心观念

核心观念	重要内涵
精准观	以“精准”代替“模糊”；以数据说话，目标数量化，过程定量化，流程精准化；改变传统的“中庸型”经营管理模式，持续改善，追求完美，精益求精
精简观	消除一切浪费。企业目标是“拉动”源；企业客户定义企业产品或服务价值；应用科学方法精简、优化企业价值流；使有价值的工作活动顺畅流动运作；追求最低消耗，节能节源
细致观	以“细致”代替“粗略”；针对企业部门、岗位不同，细致规定每个员工的工作职责；以“认真、耐心、细腻”的企业服务代替“粗心、浮躁、敷衍”的企业服务
动态观	随时而动，与时俱进
突破观	敢于冲破或打破某种禁锢，先破后立

（续）

核心观念	重要内涵
权变观	权衡环境变化而变化。高度重视环境特征，认为只有“适境”的企业经营管理模式才是优选；不盲目崇拜“习惯性最优”，敢于批判“习惯性最优”并创新性提出优化策略
以柔克刚观	以人为本，以人性化的“软”权力为基本特征的“柔权”代替以权为本、刚性化的“强权”，尊重人权、重视企业的服务性；提高企业经营管理思维的柔性化，开拓全体员工的思路；主张基于“仁＋智”合理分权，巧借市场之力、合作者之力、政府之力与消费者之力，努力减轻企业负担，注重“激活”企业

精柔型企业文化氛围的重要特征是“精益求精，动态持续完善”“消除一切浪费”“高度以人为本，恩威并重”“权变与突破”“开阔思路与创新”。

1）精益求精，动态持续完善。精柔型企业文化与精细企业文化一样渲染“好了还要更好”的企业“无形规则”，营造蒸蒸日上、催人奋进、不断改进、认真执着的企业氛围，是促进企业各层级各部门各岗位员工更认真、更上进的重要“催化剂”。同时精柔型企业文化与柔性企业文化一样高度强调动态观、权变观、突破观，使其强化了“与时俱进”“没有绝对的完美”“完美是高度动态的，当前完美不等于未来完美”“多思考，多考虑当前的时空环境”“追求完美的过程是一个充分应用智慧和创造力的持续性调适过程”等理念，塑造紧跟时代步伐的上进型企业。

2）消除一切浪费。精柔型企业文化可促进企业各级员工产生“柔性＋精细”的思维方式与行为方式，使企业员工不但重视采用科学方法识别和消除浪费，而且思路更具有突破性、多维性、动态性、权变性，时常突破思维禁锢发现更多不增值的细微环节，找到更适合当前时空环境的消除浪费之策，使曾经困扰各类企业的“难消除”浪费也得到清除。

3）高度以人为本，恩威并重。渲染“以柔克刚”和尊重人权的“人本位”企业氛围，避免传统的“官本位”现象；“以仁治企”的同时不减威严、有法必依、严格执法。

4）权变与突破。精柔型企业文化强化了权变观念，更有利于营造“权衡环境变化而变化”的企业氛围。“权变观”认为只有最适应环境的方法才是最好的，组织在任何时候都应该根据环境变化选择最恰当的方法，这个方法可能是多学科、多理论的优势整合，而整合优势、打破固有方法或模式的过程往往需要突破“禁锢”。精柔型企业文化营造一种“尊重科学方法并敢于突破、改善传统方法使之更符合当前企业环境”的企业工作氛围。

5）开阔思路与创新。精柔型企业文化也具有了柔性企业文化“拓展思路”的功能，营造“以组织目标为中心，有的放矢、多维、多侧、多向拓展思考”

的企业工作氛围，使企业员工具有更开阔的思路和更柔性的思考方式，为企业员工丰富创新灵感来源、提升创新力奠定企业文化基础。

精柔型企业文化的概念模型如图3-3所示。精柔型企业文化与精细企业文化、柔性企业文化的对比见表3-7。

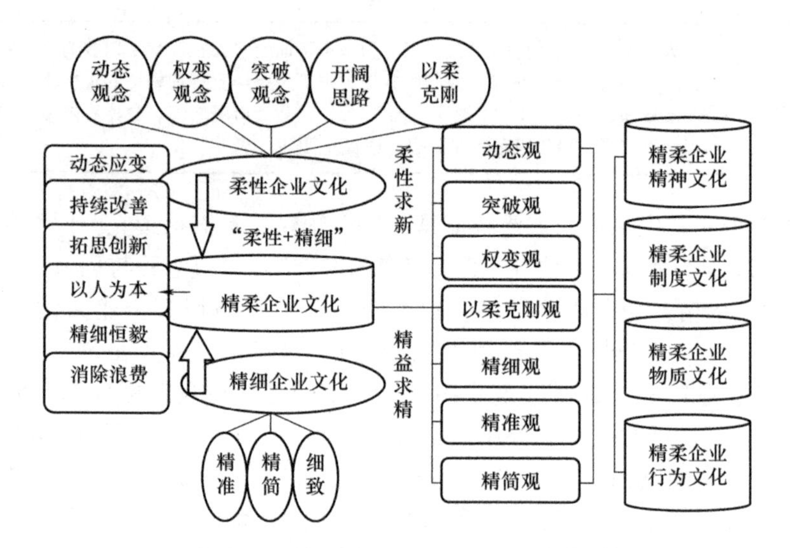

图3-3 精柔型企业文化的概念模型

表3-7 精柔型企业文化与精细企业文化、柔性企业文化的对比

	精细企业文化	柔性企业文化	精柔型企业文化
蕴涵的重要观念	精简、优化工作价值流，消除浪费；精准，细致；精益求精，追求完美	权变；突破；动态；"以柔克刚"；强调应用灵动开阔的柔性思维理念	精简，动态优化工作价值流，多维消除浪费；以人为本，以柔克刚；精准，细致，敢于突破；追求动态的完美；权衡环境变化而变化；以灵动、开阔的思路动态应变
文化特质	"精益求精"	"柔性求新"	"精益求精＋柔性求新"
营造的企业氛围特征	营造"精益求精""以最精简、节约的方式实现优秀质效"的企业氛围	营造敢于突破禁锢、动态应变、士气高昂、易产生创新灵感的企业氛围	营造既精益求精又善用巧智；既百折不挠又动态适应；既追求完美又不断突破；既严谨细致又高度以人为本；既理性追求最优经济性又以客户为中心的企业氛围

3.2.6 精柔型企业文化的突出优势

精柔型企业文化兼具精益企业文化和柔性企业文化的优势。既能很好地适应21世纪的企业环境，很有利于激发创新灵感，对提升各类企业及其员工创新能力、动态应变与突破力、士气与客户支持率、解决复杂问题能力有重要意义；又有“精益求精”精神为“钢脊”，有利于营造精进、消除一切浪费、精细化、降耗提效的企业氛围，有效避免企业创新工作的“半途而废”“多浪费”“低效率”“不精细”等现象。具体地说，精柔型企业文化在促进创新、促进应变、促进突破、促进士气、促进客户满意、促解难题、促进持续改善、促进消除浪费、促进精细化、促进质效方面具有突出优势（表3-8）。

表3-8　精柔型企业文化的突出优势

突出优势	解　析
促进创新	精柔型企业文化环境开阔员工思路，激发员工思考，促进员工获得创新灵感，促进员工形成精益求精、迎难而上的创新精神，也是推动员工不断提升创新知识技能的重要力量
促进应变	营造有利于主动适应环境的企业“无形规则”，以“权变”理念替换传统的“绝对化”理念，有利于塑造善于权衡环境变化、善于适应环境的员工，提升企业的应变能力
促进突破	传统企业有很多固定“框架”束缚，传统员工也有很多思维“禁锢”。精柔型企业文化有利于企业与员工突破束缚、打破“禁锢”，勇于改革与创新性发展
促进士气	精柔型企业文化营造高度以人为本的企业氛围，塑造亲和力强、恩威并重的企业管理者，普通员工的合理、合法需求可以得到尊重和满足，有效提升员工士气
促进客户满意	虽然企业都是理性的追求“利益最大化”者，但精柔型企业文化营造的“以客户为本”文化环境促使企业努力追求“企业与客户的‘双赢’”
促解难题	精柔型企业文化环境既重视科学方法，又有利于员工拓展思路、集思广益、集成应用科学方法，在解决难题方面也具有较大优势
促进持续改善	精柔型企业文化营造蒸蒸日上、精益求精的企业氛围，促使企业及其员工形成“改善不是因为不好，而是因为追求更好”的理念，有利于企业及其员工“自发精益求精”、持续改善、追求完美
促进消除浪费	从精神、物质、制度、行为方面促进员工“精细＋柔性”化，促进员工在精细原则指导下整合多学科、理论、方法优势识别与消除浪费，可消除精细企业文化与柔性企业文化下难以识别与消除的浪费
促进精细化	改变了传统文化的“粗略”观念，营造重视数据、重视量化分析、重视精细化运作、重视精细评价的企业文化环境，有效促进企业精细化
促进质效	精柔型企业文化不但有利于消除浪费、降低成本，而且有利于追求精进、提升质量和效率

3.3 精柔型企业文化是大规模定制企业自主创新的强大推动力

3.3.1 “精益求精”文化特质是大规模定制模式企业自主创新的内在强动力

精柔型企业文化包含着努力“好了还要更好”、不完美不罢休的“精益求精”文化特质。这种文化特质有利于突破我国传统的“中庸”文化特质，改善企业因慵懒、不求上进、害怕困难、无过则安、不求精进、适可而止等“中庸”态度而错失创新机会、痛失顾客信任、无力竞争取胜等现象。大规模定制（MC）模式企业自主创新以顾客定制及其需求趋势为导向，由于顾客的需求千变万化，使大规模定制（MC）模式企业必须“与时俱进”“与顾客同步”地自主创新。在自主创新的过程中，大规模定制（MC）模式企业必然面临各种各样的创新困难。如果不具备“精益求精”的文化特质，大规模定制（MC）模式企业就不能具备“克万难而达完美”的整体企业精神和相应企业行为，就难以执着、百折不挠地将自主创新进行到底，就无法避免“知难而退”“半途而废”等现象，就会使企业创新工作因为困难而止步不前，就会严重影响到整个企业未来的生存和发展。“精益求精”文化特质塑造蒸蒸向上的大规模定制模式企业，使大规模定制（MC）模式企业的管理者和普通员工具备源发于内在精神的强大推动力，这将大幅度提高管理者和普通员工参与自主创新且“有始有终”实施各自主创新项目的积极性。

3.3.2 “柔性求新”文化特质是MC模式企业取得突破性进展的关键

“柔性”的优势重点体现于：

1）从企业管理者角度，克服了“刚性”的强制型，重视员工的心理需求，以巧智和人本管理取得下属的认同和主动追随，提高组织凝聚力和员工创新积极性，收获更好的激励效果。

2）从普通员工角度，用无形的文化力量塑造思路开阔、敢于突破的高素质员工，使员工能够应用多维思路、从多角度、全方位地思索解决技术难题的对策，重视技术之间、知识体系之间的关联，打破固有禁锢，开拓企业自主创新项目研究新思路，源发突破企业自主创新瓶颈的灵感。

精柔型企业文化的“柔性求新”文化特质是大规模定制（MC）模式企业全面提高创新意识，根据客户定制需求突破性改善产品或服务模块并突破思维禁锢创新性整合产品或服务模块，提高响应客户定制的敏捷性，源发突破企业发展瓶颈的创新灵感并取得突破性进展的关键。

3.3.3 “精”与“柔”的有机结合是大规模定制企业自主创新的成功基础

“精”与“柔”相辅相成，“精益求精”与“柔性求新”的有机结合，才能成为现代大规模定制模式企业自主创新的成功基础。“精益求精”提倡“克万难勇攀高峰”的求新精神，“柔性求新”提倡以科学的柔性态度和思维方法达到求新目的，“柔性求新”是对“精益求精”的重要补充。如果没有“柔性求新”只有“精益求精”，则难拓企业自主创新思路，企业自主创新难以取得突破性成果。如果没有“精益求精”只有“柔性求新”，企业难以知难而进，虽能实现多元化经营却不能精深，难以取得持续性的进步和客户的长期信任，企业自主创新后续力量薄弱。只有将“精益求精”和“柔性求新”有机结合起来，才能促成包括大规模定制（MC）模式企业在内的各类企业自主创新的真正成功。例如，承接北京奥运国家游泳中心（水立方）项目建设任务的是我国建筑一局（集团）有限公司，面对没有先例可循的工程技术难题，在“精益求精、柔性求新”的企业文化支撑和推动下，精益求精地对待项目的每一个环节，以柔性方式全方位思索解决问题的对策，一次又一次创新、修改、变更和完善，仅深化设计施工方案就用了近一年时间，设计变更8套、先后完成2000多张深化设计图、30000多份工厂加工图，终于突破技术难题，获得9项技术创新成果，并圆满完成水立方工程；又如，通用电气公司坚持的“坚持诚信，注重业绩，渴望变革”的企业文化，IBM公司坚持的“热爱公司、积极工作”“为全世界的顾客提供最好的服务”等成功企业文化都体现出了“精益求精”和“柔性求新”的有机结合。

3.3.4 从行为、精神、物质、制度层面推进MC模式企业自主创新

精柔型企业精神文化一方面提升了大规模定制（MC）模式企业自主创新精神，另一方面又有效激发了大规模定制（MC）模式企业自主创新的创新灵感；精柔型企业制度文化从制度角度有力促进了大规模定制（MC）模式企业自主创新，为完善大规模定制（MC）模式企业自主创新运行机制立下汗马功劳；精柔型企业行为文化以既精又柔的企业行为、企业家行为和员工行为营造着大规模定制（MC）模式企业自主创新的精柔行为氛围，使落后员工倍感压力，新进企业的员工也能在这样的氛围渲染下提高工作积极性和创新性；精柔型企业物质文化是精柔型企业文化促进企业自主创新的物质载体，并提供进一步提升企业自主创新能力的物质基础[90,91]。

精柔型企业文化从行为、精神、物质、制度层面推进大规模定制（MC）模式企业自主创新力如图3-4所示。

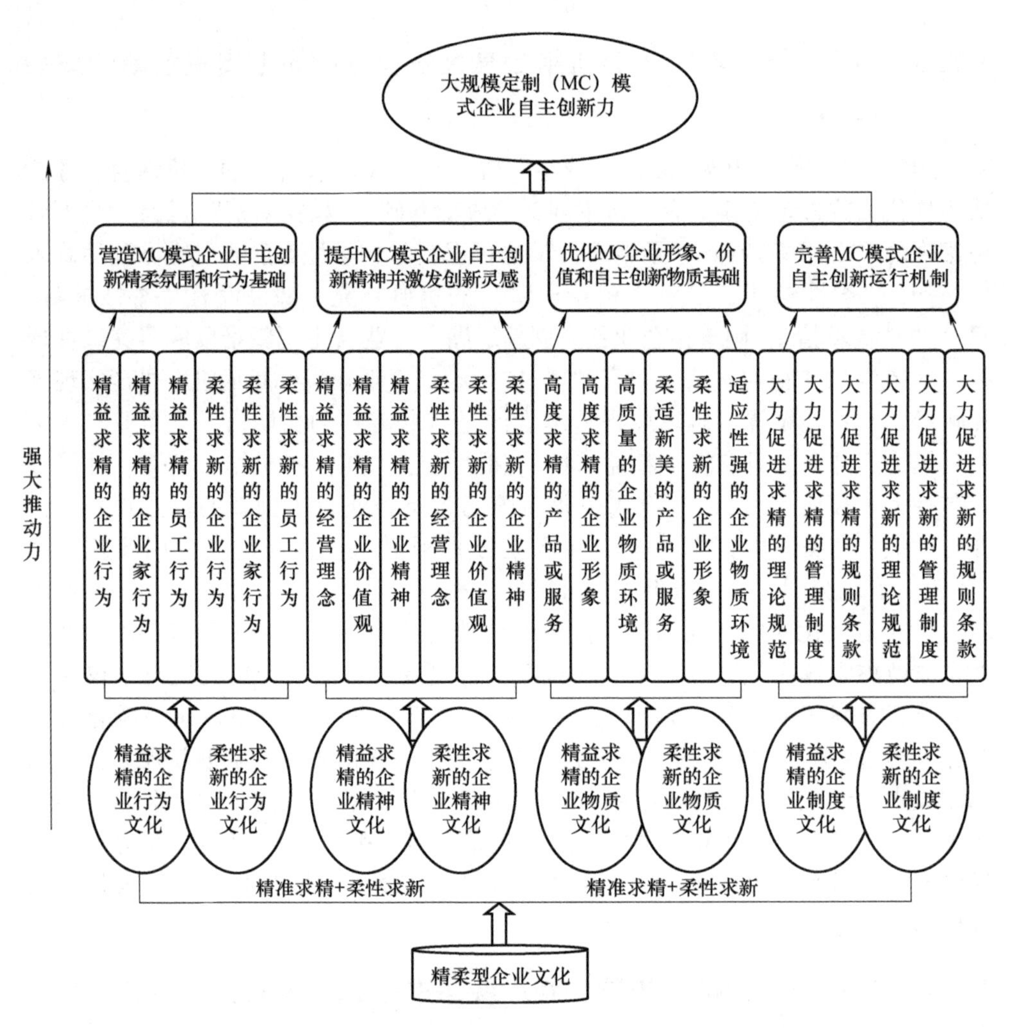

图 3-4　精柔型企业文化从行为、精神、物质、制度四层面推进大规模定制（MC）模式企业自主创新力

3.4　精柔型企业文化提升企业员工自主创新力

对于企业而言，人才是企业自主创新的关键。企业的综合自主创新力是员工个体自主创新力的集成和综合体现，提升企业员工自主创新力是提升企业综合自主创新力的关键。企业的创新环境对员工能否发生创新行为起非常关键的作用[92,93]。邓英欣指出：“当今社会人才的竞争关键是自主创新力的竞争，影响员工自主创新力培养与提升的因素有企业环境、社会环境和员工个性等内在因素。”[94]企业文化环境是企业环境的重要组成，对员工的自主创新力有不容忽视

的影响。

我国越来越多学者重视企业文化对员工自主创新力的作用。例如，方明义等[95]认为企业文化是企业发展的软资源，创造优秀企业文化是增强企业员工进取心与创新精神的有效途径。卫云等[96]通过统计分析验证了创新型文化和员工创新行为显著正相关。陈檪[97]认为好的企业文化环境对员工自主创新贡献意识的培育、认可和调动有十分重要的影响，可以促进企业员工参与自主创新力的内部动机，促进外部动机的内化。企业提升员工自主创新力迫切需要构建能培育、认可和充分调动员工自主创新贡献意识的优秀企业文化。陈卫旗[98]通过对某大型电网公司156家供电局的10856名员工问卷调查，验证组织创新文化对员工创新行为的影响效应，确认组织创新文化与员工创新行为有正向关联；王帅[99]指出企业文化具有许多传统管理不能替代的功能，如导向、激励、规范等功能，通过发挥企业文化的这些功能，可以直接或间接提升员工自主创新能力；贾白[100]认为影响员工自主创新力的外在因素主要包括企业环境和社会环境；邓英欣[94]分析提升员工自主创新力的重要性，并提出“营造孕育创新的企业文化”等提升员工自主创新力的途径；方晓蓉[101]认为企业自主创新过程中，行为主体（即企业员工）必然要受到企业文化影响，而企业文化对自主创新的作用，也是通过影响企业各级员工的思维理念、精神行为、价值观念等体现的；徐冉[102]认为应该通过加强引导教育、营造创新环境、有效激励、提高自觉性打造青年员工自主创新生力军；黄维德[103]认为要提高上海员工自主创新能力就要加强对上海创新人才，特别是知识员工的培养，从政策、环境等各方面对他们进行支持；石燕蓉等[104]认为从内部看制约我国企业自主创新的关键因素是员工的自主创新力不足，提出“培育鼓励创新的文化氛围”等四个提升员工自主创新力的途径；程国平等[105]认为企业可以通过建立诱导机制、保障机制和约束机制来培养员工的自主创新意识；本书笔者进一步建议企业以精柔型企业文化培养既精专又灵柔的创新型员工，提升企业员工自主创新力。

3.4.1 提高企业员工自主创新力的关键要素

企业员工自主创新的过程是一个从自主创新意愿产生到创新实现的连续过程[101]。在这个过程中有三个决定自主创新成败的关键环节：员工具备参与自主创新的意愿吗（若员工具备参与自主创新的意愿，那么，员工参与自主创新的意愿强烈吗）？员工具备求精求新的创新精神与品质吗？员工具备保障自主创新成功的相关知识和技能吗？以员工具备自主创新所需设备、资金、政策、领导支持等外在条件为前提，员工自主创新能力的发挥，受到员工参与自主创新意愿、自主创新精神品质、自主创新相关知识技能的关键性影响。肖天明教授[90,91,56]指出企业员工参与自主创新的意愿、精神品质、知识技能是提高企业员工自主创新力的三大关键要素。其中，提高员工自主创新的参与意愿，即要提高员工参与自主创新的主观愿望和积极性，这是提高企业员工自主创新力的基础性关键要素；提高员工自主创新的精神品质，即要提高员工“恒精、毅勇、勤奋、灵柔、突破”的精神品质，这是提高企业员工自主创新力的根本性关键要素；提高员工自主创新的知识技能，即要提高员工集成知识、融会贯通、克服困难、以最小的消耗取得自主创新成功的技巧能力，这是员工提高自主创新力的保障性关键要素，如图3-5所示。

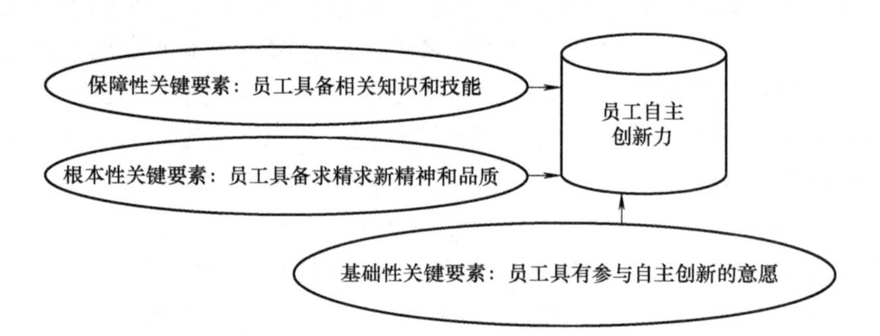

图3-5 提升员工自主创新力的关键性要素

3.4.2 精柔型企业文化“三维”提升企业员工自主创新力

精柔型企业文化有效提升企业员工自主创新力的途径[56]如图3-6所示。

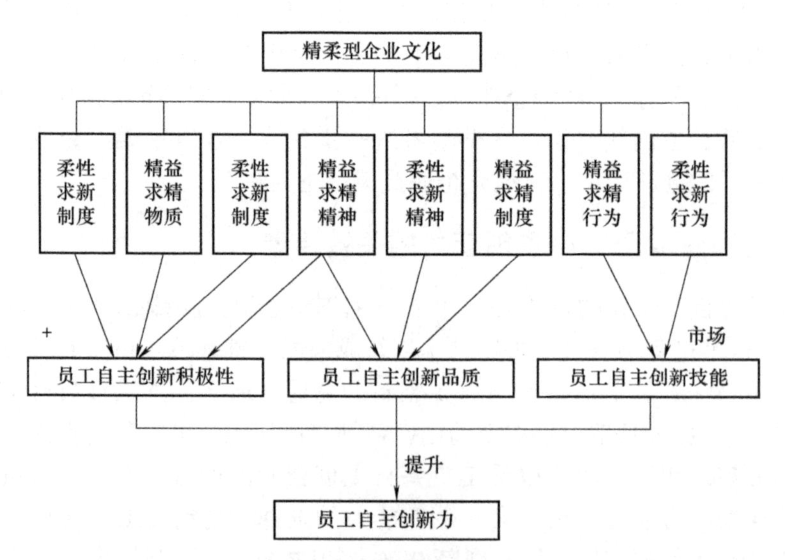

图3-6 精柔型企业文化有效提升企业员工自主创新力的途径

1. 意愿维：精柔型企业文化提升企业员工自主创新参与意愿

1）“精益求精”的企业精神文化促进、提升企业员工自主创新的参与意愿。具备“精益求精”特质的企业精神文化塑造追求完美、持续改善、与时俱进、蒸蒸日上的员工。这些员工具有很强的上进心和工作积极性，内心自发产生的持续进步和尽善尽美愿望不断推动着员工积极参加企业自主创新，能显著提高员工自主创新的参与意愿。

2）“柔性求新”的企业制度文化促进、提升企业员工自主创新参与意愿。具备“柔性求新”特质的企业制度文化将企业柔性求新的精神文化体现于规章制度上，通过制度明确褒奖“柔性求新”精神和相应行为，明确惩贬“呆板守旧”的精神态度和相应行为。员工为了得到组织褒奖，高度重视“柔性求新”，将大幅度提高员工参与企业自主创新的积极性。

3）“精益求精”的企业物质文化促进、提升企业员工自主创新参与意愿。具备“精益求精”特质的企业物质文化以尽善尽美的产品、服务、企业形象为重要载体。企业对产品、服务、企业形象等物质载体的完美要求，使企业及其员工具有持续改善产品、服务和企业形象的强大动力。

4）“柔性求新”的企业物质文化促进、提升企业员工自主创新参与意愿。具备“柔性求新”特质的企业物质文化通常以多样化、新颖、别致的产品和服务为重要载体，使企业可以通过差异化竞争战略取得更大的竞争优势。柔性求新的企业物质文化使企业及其员工具有根据市场状况不断推陈出新的强烈需求，这种强烈需求能明显提高企业及其员工积极投入自主创新的意愿和行为动机。

2. 精神品质维：精柔型企业文化优化企业员工自主创新精神品质

1）“精益求精”的企业精神文化促优企业员工自主创新精神品质。企业文化对员工精神品质具有潜移默化的强大改造力量。在精益求精的企业精神文化渲染下，即使刚进企业的新员工也能受到无形的“精化”教育和感染，“懒散”“不求上进”的员工也能在精益求精的企业精神文化氛围中时刻感觉到无形的鞭策而逐渐改变作风，有利于培育严谨求实、严格自律、不怕困难、百折不挠、恒定坚毅等自主创新所必需的精神品质。

2）“柔性求新”的企业精神文化促优企业员工自主创新精神品质。“柔性求新”精神克服了传统“刚性守旧”的呆板性、局限性、单维性和陈旧性，不拘泥于固有模式，不墨守成规，具有灵活性、动态性、发展性、开放性、全局性、多维性、高弹性、变通性等特点，使传统、呆板、守旧的员工逐步变得灵活变通、多维求新。

3）“精益求精”的企业制度文化促优企业员工自主创新精神品质。“精益求精”的企业制度文化将企业精益求精的精神文化体现于规章制度上，通过制度明确奖褒“精益求精”精神和相应行为，明确惩贬“不求精”的精神态度和相应行为，使口头的宣传和教育变得制度化和规范化。它促使员工增强对精益求精精神的重视程度，在面对自主创新困难时更能发挥出勇敢坚毅、锲而不舍、持续改进等优秀品质。

3. 知识技能维：精柔型企业文化优化企业员工自主创新知识技能

企业员工整合知识、创新知识、取得自主创新成功的技能，受到企业精神文化、制度文化和行为文化的多重影响。

1）“精益求精”的企业行为文化促进、提升企业员工自主创新知识技能。在员工自主创新过程中，通常会遇到许多高难技术问题，只有具备恒定坚毅、勤勇严谨、持续完善等精益求精行为特征的员工才能闯过技术难关，以最小的消耗、最优的质量、最高的满意度推动自主创新。

2）“柔性求新”的企业行为文化促进、提升员工自主创新知识技能。员工自主创新的成功不仅需要以员工精益求精的行为特征为基础，而且还需要以员工柔性求新的行为特征为基础。“柔性求新”的企业行为文化，强化了员工柔性求新的行为特征，能突破思维禁锢、整合知识、集成知识，避免“钻牛角尖”，有效提高自主创新的成功率。

3.5 本章小结

推崇知识等无形资产的新经济时代环境中，企业间的“软件”竞争日益激烈。拥有优秀“软件”的企业往往具有更强大的竞争优势。作为企业“软实力”的体现，企业对企业文化的认识、选择、建设、优化，事实上都对企业形象、企业凝聚力、企业精神、企业竞争力、企业及其员工的创新力、企业可持续发展力等有重要影响[106]。

焦新龙和刘春朝认为，“大规模定制（MC）模式的实施应用必须要有与之相适应的企业文化做支撑，是否具有适应的企业文化已成为大规模定制（MC）模式能否发挥效能的前提条件”。[107]大规模定制（MC）模式企业是“柔性求新、精益求精”的企业，格外需要构建以“柔性求新、精益求精”为重要特征的精柔型企业文化。精柔型企业文化不仅与大规模定制（MC）模式企业的基本特征相契合，更能以其“精柔相融”的特质有力推动大规模定制（MC）模式企业的自主创新。此外，本章还特别指出精柔型企业文化对企业员工自主创新意识意愿、企业员工自主创新精神品质、企业员工自主创新技巧能力的促进作用，强调精柔型企业文化能够从“三维”促进企业员工的自主创新力。这是因为人是企业最重要的资产，也是企业自主创新的“主力军”和关键性、能动性资源；员工个体自主创新力的提升直接促进企业整体自主创新力的提升。如果一个企业的文化环境有利于企业员工自主创新，这个企业的文化环境也必然有利于企业整体的自主创新。总之，笔者推荐精柔型企业文化，并明确指出精柔型企业文化是提升大规模定制（MC）模式企业自主创新力的重要路径。

参考文献

[1] 胡锦涛．为建设创新型国家而努力奋斗［J］．觉悟，2006（1）：1-1.

[2] 董宝奇．工业企业自主创新能力分析［J］．工业技术创新，2015（6）：651-663.

[3] 张国春．服务供给侧结构性改革推动评估行业创新发展［N］．中国会计报，2016-4-8（9）.

[4] 何自力．在推动供给侧结构性改革中创新宏观调控体制［N］．内蒙古日报，2016-2-5（6）.

[5] 陈奇斌．供给侧结构性改革中的政府与市场［J］．学术研究，2016（6）：104-109.

[6] 尤权．把创新贯穿于供给侧结构性改革全过程［J］．中国经贸导刊，2016（3）：24-25.

[7] 陈秋立．加快科技创新推进供给侧结构性改革［N］．福建日报，2016-4-11（11）.

[8] 曹梦南．准确把握战略机遇期深刻内涵做好供给侧结构性改革大文章［N］．吉林日报，2016-3-6（1）.

[9] 李慧．国内外企业自主创新能力研究文献综述［J］．技术经济与管理研究，2015（4）：40-43.

[10] 陈劲．从技术引进到自主创新的学习模式［J］．科学管理，1994（2）：31-34.

[11] 施培公．自主创新是中国企业创新的长远战略［J］．中外科技政策与管理，1996（1）：14-27.

[12] 傅家骥．技术创新学［M］．北京：清华大学出版社，1998：78-80.

[13] 洪俊杰，石丽静．自主研发、地区制度差异与企业创新绩效——来自371家创新型企业的经验证据［J］．科学学研究，2017（2）：310-320.

[14] 周圣强．企业创新策略选择自主研发和技术引进［J］．技术经济与管理研究，2017（3）：18-23.

[15] 姜丰伟．企业创新的体制与机制［J］．造纸信息，2017（1）：47.

[16] 苏杨，罗万有．工业企业自主创新能力评价研究［J］．江苏科技信息，2017（2）：23-26.

[17] 薛伟莲，周风，丁然．基于集对分析的东北三省自主创新能力评价研究［J］．中国集体经济，2016（1）：75-78.

[18] 迈克尔·波特．国家竞争优势（下）［M］．李明轩译．北京：中信出版社，2012：63-82.

[19] 马一德．创新驱动发展与知识产权战略实施［J］．中国法学，2013（8）：27-38.

[20] 张浩．论创新驱动发展战略的价值、内涵及实现路径［J］．宁夏党校学报，2016（5）：33-35.

[21] 中华人民共和国商务部综合处．国内近期经济热词解析［EB/OL］．（2016-03-21）http：//www.mofcom.gov.cn/article/difang/201603/20160301278901.shtml.

[22] 张来武．论创新驱动发展［J］．中国软科学，2013（1）：1-5.

[23] 高亦陈，刘兰．创新驱动背景下我国制造业自主创新能力提升研究［J］．科技创业月

刊，2017（4）：29-31.
[24] 孙泗泉，叶琪．创新驱动制造业转型的作用机理与战略选择［J］．产业与科技论坛，2015（2）：15-18.
[25] 张番红．中国特色自主创新道路的科学内涵［J］．学术纵横，2009（2）：115.
[26] 李建建，郑亚伍．我国自主创新的内涵及战略意义［J］．科技与经济，2006（1）：49-52.
[27] 张维杰，刘伦明，王勇，等．海尔互联工厂——基于用户需求的大规模定制模式研究［C］．北京：中国轻工业出版社，2016：1019-1024.
[28] 赖荣燊，侯亮，吴永明，王浩伦，林文广，穆瑞．制造企业产品族演进及其创新策略［J］．科技进步与对策，2013（5）：94-97.
[29] 郭怡人．大数据背景下创新型企业文化建设调研报告［C］．北京：中国财政经济出版社，2018.
[30] HASAN A F, MICHAEL A W. Does Culture Drive Innovation and Export Quality?［J］. International Economic Journal, 2016, 30（1）：19-38.
[31] TAHA V A, SIRKOVÁ M, FERENCOVÁ M. The impact of organizational culture on creativity and innovation［J］. Polish Journal of Management Studies, 2016, 14（1）：7-17.
[32] 解学梅，吴永慧．企业协同创新文化与创新绩效：基于团队凝聚力的调节效应模型［J］．科研管理，2013（12）：66-74.
[33] SALIMI H A, AVEH M C. Relationship between organizational culture and innovation with the mediation of job enrichment in the Fars governor's staff［J］. Indian Journal of Positive Psychology, 2016, 7（1）：21-25.
[34] GLISSON C. The Role of Organizational Culture and Climate in Innovation and Effectiveness［J］. Human Service Organizations, Management, Leadership & Governance, 2015, 39（4）：245-250.
[35] LYONS R K, CHATMAN J A, JOYCE C K. Innovation in services: Corporate culture and investment banking［J］. California Management Review, 2007, 50（1）：174-191.
[36] 倪清，吴成颂，徐慧，叶江峰．谦卑型文化与知识型员工创新绩效关系：风险承担意愿与情感信任的链式中介模型［J］．科技进步与对策，2017，34（11）：132-139.
[37] KHOJA F, MARANVILLE S. How do firms nurture absorptive capacity?［J］. Journal of Managerial Issues, 2010, 22（22）：262-278.
[38] LUKIĆ T, DŽAMIĆ V, KNEŽEVIĆ G, ALČAKOVIĆ S, BOŠKOVIĆ V. The Influence of Organizational Culture on Business Creativity, Innovation and Satisfaction［J］. Management (1820-0222), 2014（73）：49-57.
[39] 谢仁寿．技术创新能力与企业文化创新［J］．技术经济，2005（9）：48-50.
[40] 李海军，刘先涛，乔德民．谈企业文化与技术创新［J］．技术经济与管理研究，2005（1）：116.
[41] 刘元芳．企业文化与技术创新互动作用研究［J］．生产力研究，2006（7）：243-244 + C-5.

[42] 张小利．军工企业自主创新能力培养途径与方法［J］．科技与创新，2018（21）：26-27.
[43] 热沙来提·艾赛提．浅析我国中小企业推进自主创新的途径［J］．中国市场，2018（10）：178，186.
[44] 李群．加紧培养造就自主创新人才［J］．中国科技论坛，2018（9）：9-10.
[45] 黄子殷，廖柏明，李金鑫，李佳洁，谢佳益．西部企业自主创新与知识产权保护问题的解决途径调查研究［J］．智库时代，2018（7）：1，4.
[46] 刘颜平．论企业管理创新中企业文化创新的影响［J］科技展望，2017（4）：184.
[47] 王敏，银路．企业技术战略选择对自主创新效果的影响——基于IC设计行业的案例比较研究［J］．电子科技大学学报（社科版），2017（2）：53-59.
[48] 丁怡娜．高管薪酬激励制度对企业自主创新能力的影响［J］．合作经济与科技，2017（1）：123-124.
[49] 丁源，苑德宇．"新常态"下补贴和人才对企业自主创新的影响［J］．技术经济与管理研究，2016（9）：39-45.
[50] 刘畅，孙自愿．后发企业提高自主创新能力的路径研究——以恒瑞医药为例［J］．科技管理研究，2016（23）：151-158，179.
[51] 鲁碧英．小微企业自主创新能力提升的路径选择［J］．科技经济导刊，2016（29）：217-218.
[52] 李海超，杨杨．高新技术企业自主创新实现路径研究［J］．企业经济，2016（8）：32-38.
[53] 刘丽洋，景刚．我国中小微企业自主创新机制与路径研究［J］．中国管理信息化，2016，19（5）：132-134.
[54] 晏发发，陈驹嵘，姜百臣．企业自主创新影响因子研究［J］．农村经济与科技，2016（9）：151-153.
[55] 苏淑艳，穆庆榜，陈明梅．河南省中小企业自主创新的融资策略研究［J］．企业技术开发，2016（9）：113-115.
[56] 马洪侠，对服装企业管理创新的探讨［J］．中小企业管理与科技，2016（11）：7-8.
[57] 肖天明．以"精柔型"企业文化提升企业员工自主创新力［J］．重庆科技学院学报（社会科学版），2016（11）：63-66.
[58] 何怡．对中国企业自主创新能力的思考［J］．中国高新技术企业，2016（13）：168-169.
[59] 刘焱．企业自主创新能力提升机理及途径研究［J］．经贸实践，2016（9）：83.
[60] 褚阳．民营企业自主创新与优化升级［J］．经营与管理，2016（7）：69-71.
[61] 马宗国．中小企业RJVs自主创新能力提升对策研究［J］．济南大学学报（社会科学版），2016（2）：77-80.
[62] XIAO T M，CHEN G T，WU A H. The Center of Effort and the Countermeasures to Improve the Independent Innovation Ability ofEmployees［C］. International Forum on Management, Education and Information Technology Application，IFMEITA 2016：905-909.
[63] XIAO T M. To set up the Basic Platform of Enterprises'Independent Innovation Based on Lean-flexible Thinking［C］. Joint International Conference on Economics（ICEME）and Management Engineering and International Conference on Econmmics and Business Management

(EBM). 2016: 487-490.
[64] YANG J H, KINCADE D H, CHEN Y, JESSIE H. Types of Apparel Mass Customization and Levels of Modularity and Variety: Application of the Theory of Inventive Problem Solving [J]. Clothing And Textiles Research Journal, 2015, 33 (3): 199-212.
[65] KLEIMAN M. The New Rules of Work? [J]. Convenience Store Decisions, 2015, 26 (10): 109-109.
[66] 李晓晨. FDI的自主创新效应研究：理论与实证 [D]. 中央财经大学, 2015.
[67] 陈炜，习皓萌，郑钦. BSC在创新工程师绩效测评体系中的应用研究——加速汽车工业的自主创新 [J]. 中国商论, 2015 (14): 164-166.
[68] 李作民. 基于五个维度的国有企业人力资源优化重构研究 [J]. 企业技术开发, 2014, 33 (11): 27-28.
[69] 张林，谷丰. 黑龙江省中小企业自主创新能力提升的探讨 [J]. 商业经济, 2014 (4): 8-10.
[70] 朱杰，史文妍. 新时期高职院校学生激励机制研究 [J]. 科教文汇（下旬刊）. 2014 (10).
[71] 蔡春红，冯强. 基于需求导向的企业自主创新路径及对策 [J]. 天津商务职业学院学报, 2014 (2): 32-34.
[72] 王巧苗. 四川省中小企业发展问题及对策分析 [J]. 经济研究导刊, 2013 (31): 17-18.
[73] 夏英卓. 强化自主创新优化企业科技管理的几点思考 [J]. 科技与企业, 2013 (5): 54.
[74] 申宇. 自主创新企业的内涵与竞争力探讨 [J]. 管理观察, 2013 (15): 23-24.
[75] 赵子茹. 我国国有企业自主创新能力的现状分析与路径选择 [J]. 今日中国论坛, 2013 (11): 112-113.
[76] 徐达奇，曹平. 中小企业实施自主创新战略途径研究 [J]. 安徽工程大学学报, 2014, 29 (1): 36-40.
[77] GILLECE TOM. Keep profits rising [J]. Smart Business Pittsburgh, 2013, 20 (7): 6-6.
[78] 汤昌仁，陈辉. 开创企业自主创新的有效途径 [J]. 中国有色金属, 2013, (5): 64-65.
[79] 百度知道. 通用电气企业文化的简介 [EB/OL]. (2018-03-05) [2019-05-06]. https://zhidao.baidu.com/question/755799933331339764.html.
[80] 李卫平，李英，明四海. 推动企业文化与专业工作融合实践研究 [J]. 农电管理, 2019 (1): 56-57.
[81] 张瑞迪，曹翠珍. 基于价值链的青岛海尔盈利模式分析 [J]. 商业会计, 2018 (12): 86-88.
[82] 未来. 海尔在"挑战不可能"也在创造新可能 [J]. 互联网周刊, 2018 (12): 36.
[83] 百度. 海尔的企业文化内涵，值得每一个奋斗者阅读 [EB/OL]. (2018-04-15) [2019-05-06]. https://baijiahao.baidu.com/s?id=1597766442548233505&wfr=spider&for=pc.
[84] 谢耘. 中国企业技术创新中的几个问题分析 [J]. 科技中国, 2017 (2): 21-29.
[85] DROHOMERETSKI EVERTON, GOUVEA DA COSTA SERGIO E, PINHEIRO DE LIMA EDSON, GARBUIO PAULA ANDREA DA ROSA. Lean, Six Sigma and Lean Six Sigma: an analysis based on operations strategy [J]. International Journal of Production Research, 2014, 52 (3): 804-824.

[86] JAMES P WOMACK, DANIEL T JONES. Lean Thinking: Banish Waste and Create Wealth in Your Corporation [M]. New York: Simon &Schuster, 1996.
[87] 蒋源. 从粗放式管理到精细化治理：社会治理转型的机制性转换 [J]. 云南社会科学, 2015 (5): 6-11.
[88] 何继新, 贾慧. “精微服务—协同治理—精益管理”新型关系与基层公共服务精细化治理新探索 [J]. 西北民族大学学报（哲学社会科学版）, 2018 (3): 93-100.
[89] 张国祥. 企业制度如何“量身定制” [J]. 医学美学美容（财智）, 2014 (5): 44-46.
[90] 肖天明. 精柔思维与精柔管理——面向新经济时代的思维创新与科学管理 [M]. 北京：中国经济出版社. 2012.
[91] 肖天明. 精柔型企业文化与企业技术创新的互动研究 [J]. 科技进步与对策, 2012 (19): 72-75.
[92] 孔德议, 许安心. 组织创新氛围对员工创造力的影响研究 [J]. 福建农林大学学报（哲学社会科学版）, 2015 (3).
[93] 王三银, 刘洪, 刘健. 创新氛围对员工创新行为的影响机制研究 [J]. 现代管理科学, 2015 (7).
[94] 邓英欣. 论企业员工自主创新力提升的有效途径 [J]. 价值工程, 2011 (35): 127-128.
[95] 方明义, 孙应军, 马辉. 提升员工自主创新力的有效措施探讨 [J]. 企业改革与管理, 2018 (6): 81-93.
[96] 卫云, 许芳. 组织文化、工作价值观与员工创新行为关系研究 [J]. 中国劳动, 2016 (6): 65-70.
[97] 陈樑. 员工自主创新贡献度激励机制的研究 [J]. 管理观察, 2014 (1): 9-10, 13.
[98] 陈卫旗. 组织创新文化、组织文化强度与个体员工创新行为：多层线性模型的分析 [J]. 心理科学, 2013 (5).
[99] 王帅. 以企业文化为后盾进一步提高员工自主创新能力 [J]. 科技与企业, 2012 (2): 164.
[100] 贾白. 科技型中小企业提升员工自主创新能力研究 [J]. 山东农业科学, 2012, 44 (11): 135-137.
[101] 方晓蓉. 论推动企业自主创新的员工激励机制 [J]. 科技管理研究, 2010 (7): 168-170.
[102] 徐冉. 打造青年员工自主创新生力军的主要途径 [J]. 航天工业管理, 2007 (8): 19-22.
[103] 黄维德. 上海知识员工自主创新研究 [J]. 上海经济研究, 2006 (8): 45-52.
[104] 石燕蓉, 黄怡. 提升企业员工自主创新能力的四个途径 [J]. 经济管理, 2006 (17): 66-69.
[105] 程国平, 戴松高, 刘璠. 技术创新的信息共享机制研究 [J]. 商场现代化, 2006 (36): 59.
[106] 赵宁宁. 企业文化对培育和提升核心竞争力的重要性 [J]. 经贸实践, 2018 (22): 222.
[107] 焦新龙, 刘春朝. 大规模定制生产模式下的企业文化变革 [J]. 商业时代, 2006 (9): 110-111.

第4章

MC企业提升自主创新力的精柔战术——基于精柔型企业文化

4.1 精柔战术

笔者在《精柔思维与精柔管理——面向新经济时代的思维创新与科学管理》一书中提出"精柔战略"。精柔战略是柔性战略的发展。新经济时代的企业需要构建精柔战略[1-3]。"战术（Tactics）"与"战略（Strategy）"一样源于军队。基于对"商场如战场"的认识，"战术"与"战略"被企业界广泛引用。在军队作战中，"战略"是指"军事将领指挥军队作战的谋略"。[4]"战术"是"指导和进行战斗的方法"。[5]在企业管理中，"战略"是指企业宏观、全局性、方向性谋略，"战术"则是指企业微观、局部、细节的策划、部署与实施。现代企业管理已经赋予"企业战略"高度的重视，相关研究文献很多。但企业不能只强调"战略"，企业的"战术研究"也具备关系企业"生死存亡"的重要性。笔者在本书基于精柔型企业文化，立足研究"精柔战术"。

企业文化对企业战术有重要影响。精柔型企业文化影响下的企业战术，遵循"柔性求新+精益求精"原则，具有"精柔相融"的行事风格，被称为"精柔战术"。具体地说，企业精柔战术的实施原则是"主动适应环境""消除一切浪费""追求客户的最满意""持续改善""尊重科学方法+突破科学方法"（见表4-1）。

表4-1　企业精柔战术的实施原则

原　　则	精柔战术的实施
主动适应环境	高度柔性，尽量与时间流动和环境变化保持同步。严谨、认真、高度求精的同时，不呆板、不守旧，与时俱进，动态应变
消除一切浪费	应用科学方法全方位、多维、多向识别并消除企业中的各种浪费
追求客户的最满意	以客户为中心，尊重并密切关注客户的新需求、新定制和需求发展趋势，努力不断满足客户的新需求，永远追求"客户更满意"

（续）

原 则	精柔战术的实施
持续改善	执着求精求更好。追求完美的同时，明确完美是与环境紧密联系的，根据环境动态需求确定完美的目标，持续改善，力求“离完美越来越近”
尊重科学方法+突破科学方法	高度重视精益方法等科学方法的应用，同时应用柔性思维辅助科学方法的应用。敢于根据环境的变化和具体情境，突破科学方法的固有模式，灵活应用科学方法以解决实际问题。提倡科学方法的跨学科、跨领域的“适境”应用，也提倡多学科、多理论方法的整合应用

4.2 精柔激励战术

4.2.1 推荐“精柔激励”模式

“据相关调查机构的数据显示，21世纪已经进入人才竞争的时代，超过60%的财富资源来自于人力资源。”[6]越来越多企业重视对员工的“激励之道”，同时也有许多企业困惑于“激励之道”。现代企业应当如何科学激励员工？是采用传统的压力激励、奖惩制度等刚性激励方式？还是采用情感联系、成就感、尊重、信任、支持、体贴关怀、强化爱企精神、确立目标、设立“蓝图”等“柔性”方式激励员工？是采用物质激励？还是采用精神激励？许多管理者认为物质或奖金激励方式缺乏“由内而外”激发员工奋进的力量，不能产生持久的激励效果。根据经济学与管理学理论，物质或奖金因对被激励者具有“效用”或“效价”而产生激励效果。对于一个物质不足、资金匮乏的员工，物质或资金的效用大于闲暇时间的效用。那么，这个员工愿意牺牲闲暇时间去换取效用更大的工作时间，因此具备更大的工作积极性（例如，愿意多加班、努力获取奖金和物质奖励）。若这位员工物质渐丰、资金匮乏状况得到缓解，则物质或资金的效用下降，同时闲暇时间的效用提升。在只有物质和资金激励的情况下，这位员工的工作积极性将会降低，因为他越来越不愿用闲暇时间去替换工作时间了。因此，现代企业管理者越来越重视精神、理想、成就感、目标层面的柔性激励方式。柔性激励方式虽有助于提升激励的“耐久性”，但也经常被员工批评为“虚伪”“形式”和“不实在”。广大企业管理者与相关研究学者一直在探索更科学的激励模式，既希望降低激励成本，又希望能持续保持、强化或改善员工对企业有利的行为。笔者在本书基于精柔型企业文化，建议企业应用“精柔激励”。

“精柔激励”模式是“柔性+精细”理念在激励中的应用，是以“刚柔结合”“精柔相融”“恩威并重”为基本特征的，精神激励、物质激励、行为激励、制度激励相结合的，既讲究激励效益又高度以人为本的激励模式。“有的放矢”与“思路开阔”相结合、“按需激励”与“除障激励”相结合、“刚性激励”与“柔性激励”相结合、“精简节约”与“以人为本”相结合是精柔激励模式的基本特征（见表4-2）。与刚性激励模式相比较，精柔激励模式的激励效果更“内化”；与柔性激励模式相比较，精柔激励模式的激励效果更“实在”。精柔激励模式的突出优势见表4-3。精柔激励与柔性激励、刚性激励的比较见表4-4。

表4-2 精柔激励模式的基本特征

基本特征	精柔激励
有的放矢＋思路开阔	有明确的激励目标。在激励目标的“拉动”下，应用开阔的思路探索激励方法。激励方法可以“不拘一格”、灵活多样，但必须能够实现激励目标。为了提高激励效果，也可以整合应用多种激励方法
按需激励＋除障激励	“按需激励”，即通过满足激励对象的“主导需求”实现激励目标。“除障激励”，即通过排除激励对象产生有利行为的“障碍”实现激励目标。通常情况下，为了实现更好的激励效果，精柔激励鼓励将“按需激励”与“除障激励”结合应用
刚性激励＋柔性激励	将精神激励、物质激励、行为激励、制度激励相结合，具有明显“刚柔相融”的特征
精简节约＋以人为本	一方面追求“低成本激励”，消除一切激励浪费；另一方面，柔以待人，高度以人为本，体现如：尊重员工的合理需求，给员工归属感和温暖感，支持和帮助员工实现个人理想等

表4-3 精柔激励模式的突出优势

突出优势	精柔激励
促进员工自我激励	促使员工产生“内在”奋进动力，自我促进、自我管控，以持久的激励效果实现组织各阶段、各方面的工作目标
刚柔结合、恩威并重	只有“刚柔结合”“刚柔相生”的精柔激励才能同时发挥刚性激励与柔性激励的优势
促进“消除一切浪费”	降低激励成本。在激励效果相同的情况下，激励成本更低
改善激励效果	整合精神激励、物质激励、行为激励与制度激励的优势，优化激励效果

表4-4 精柔激励与柔性激励、刚性激励的比较

	精柔激励	柔性激励	刚性激励
激励方式	精神激励方式、物质激励方式、制度激励方式和行为激励方式相结合应用	以人为中心，基于对人的心理、行为规律的研究，应用情感、成就感、信任、目标等非强制性的“柔性”方式，促进被激励者产生“期待行为”	以制度为基础，以制度激励方式为主

（续）

	精柔激励	柔性激励	刚性激励
人性化程度 激励成本	人性化程度高。应用精益方法等科学方法消除激励浪费，企业的经济性与人性化相结合，可以实现“上下同意”	人性化程度高。有时，缺乏原则的“柔性激励”会造成较大的激励浪费	缺乏人性化以强制的方式消除激励浪费，无法真正“赢得人心”
激励效果	比刚性激励方式更人性化，更能赢得人心，实现“上下同意”；比柔性激励方式更科学化、实在化，持久提升员工的忠诚度、积极性与创造力	若被激励者认为情感、精神等柔性激励方式“不实在”“太虚”，则无激励效果	难以实现“上下同意”，激励效果缺乏“内化”力；过于“呆板”，抑制创造性

4.2.2　精柔激励的关键“着力点”与精柔文化激励作用

1. 精柔激励的关键“着力点”

激励的根本目标是促进被激励者产生或强化被期待的行为，有效激励一定是与激励对象的被期待行为产生机理紧密结合的。本书中，被期待的行为是员工的自主创新行为。有效激励员工自主创新的基本原理就是充分应用员工自主创新行为产生的机理，促进员工产生或强化自主创新行为。据研究，正常情况下任何人的理性行为都来自相应的行为动机，而任何行为动机都来自于相应的需求。同时我们也会见到这样的现象：既存在相应需求又存在相应行为动机，却没有产生最终的相应行为。为什么？其原因就在于障碍。因为障碍阻碍了行为动机向最终行为的转化。这就是说，正常情况下任何员工的自主创新行为都是由其自主创新行为动机引起的，而任何员工的自主创新行为动机其实都产生于其对自主创新的需求；但自主创新行为动机并没有都转化为真实的自主创新行为，其根本原因就在于客观存在着弱化甚至阻止自主创新行为动机向真实的自主创新行为转化的障碍。例如畏惧自主创新的风险、自主创新的思路打不开等。因此，精柔激励员工自主创新，必须抓住两个关键“着力点”：第一，强化员工自主创新的需求；第二，弱化或排除员工自主创新的障碍（图 4-1）。

文化激励是重要的“激励之道”。基于精柔激励的关键“着力点”，我们可以分析得知：精柔型企业文化从精神、物质、行为、制度四个方面对企业员工自主创新发挥精柔激励作用，主要体现在“强化企业员工自主创新的需求”和“排除或弱化企业员工自主创新的障碍”两大方面。

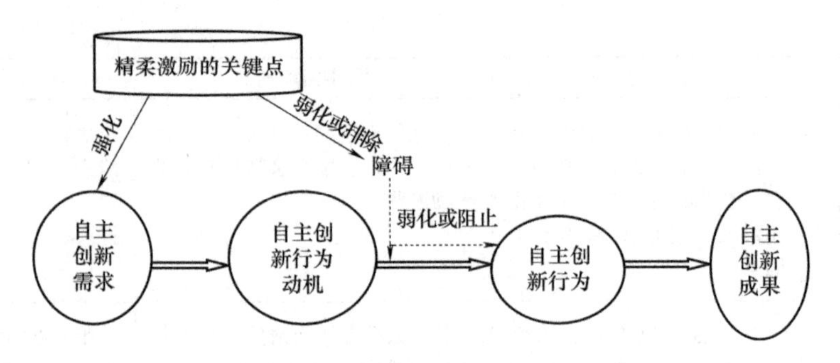

图 4-1　精柔激励的关键“着力点”

2. 精柔型企业文化强化企业员工自主创新的需求

1）从精神方面，员工的精神直接影响其个人的工作态度、工作质量、工作效率、创新理念、创新价值观等。精柔型企业文化蕴含的既精益求精又柔性求新的精神文化塑造既具备精益求精精神，又具备柔性求新精神的员工。“精益求精”精神与“柔性求新”精神是互补互促的。具备“精益求精”精神的员工有的放矢、认真、上进、追求完美、知难而进、坚定恒毅。具备“柔性求新”精神的员工是有强烈动态观念、突破观念、权变观念、“以柔克刚”观念的，人本、柔和，且善于权衡变化、动态调适、拓展思路、应用巧智、应变求新的员工。只有既精益求精又柔性求新的员工才能持以坚定的创新目标与“好了还要更好”、动态持续改进的信念，既不顽固守旧、盲目自大，又与时俱进、能及时发现问题，自发产生打破固有模式、创新解决问题的需求。

2）从物质方面。精柔型企业物质文化兼具“优质低耗”与“富有创意”的优势，促成既优质低耗又富有创意的企业产出与企业形象。在精柔型企业物质文化渲染下，一方面，员工以“最低成本追求优质创新”的原则为指导，持以高度动态观、突破观、权变观，思路开阔、集思广益；另一方面，面对客户对产品、服务需求的不断变化，与时俱进且高度求精的员工自觉要求企业的物质产出能够针对客户的新需求“对症下药”。这两方面都有力促进员工持续产生新的创新需求。

3）从制度方面。精柔型企业制度文化促成并体现为：强调消除一切浪费、全方位降低企业成本的伦理规范；强调以人为本、奖罚分明的企业管理制度；强调开阔思路、根据客观环境需要突破创新的规则条款；强调认真执着、精益求精精神的工作制度；强调员工持续学习与再教育制度等。精柔型企业制度文化在渲染人和氛围、提升员工士气与创新积极性的同时，又处处体现威严。精柔型企业制度文化营造了恩威并重、严肃而人本、奖励创新、奖罚分明、以制度提升创新压力的企业制度氛围。由于基本上所有员工都具有趋奖避罚的倾向，有利于营造“创新动力与创新压力”，企业氛围的精柔型企业制度文化必然有力促进员工的创新需求。

4）从行为方面。精柔型企业行为文化是精柔型企业精神文化、精柔型企业制度文化在员工行为上的体现。精柔型企业精神文化、精柔型企业制度文化都有利于激发企业员工的自主创新需求，促进形成“柔性求新＋精益求精”的企业行为“无形规则”和员工行为氛围。在这样的“无形规则”和行为氛围熏陶下，大多数员工有更强烈的“追求进步与改革”的需求与行为动机。且企业员工的精柔行为可以互相“传染”和“互为榜样”。企业若设立“创新标兵”或“进步榜样”等典范，将可以激发更多“柔性求新＋精益求精”的员工效仿“标兵”与“榜样”，取得显著进步。

3. 精柔型企业文化排除或弱化企业员工自主创新的障碍

1）从精神方面。客观上，任何企业自主创新工作都必然存在一系列阻碍与困难。企业员工若不具备精益求精的创新精神，则易在自主创新障碍面前退缩、半途而废、得过且过，不能坚定地将自主创新工作落到实地。员工若不具备柔性求新的创新精神，则难以与时俱进、动态、及时掌握当前的创新障碍信息，不能提出强针对性、强时效性的除障对策。只有既具备“精益求精”精神又具备“柔性求新”精神的员工，才能以开阔的思路，有的放矢、高质量、可持续地根据客观情况坚定不移地解决、排除自主创新工作碰到的各种困难与障碍。

2）从物质方面。在精柔型企业物质文化“动态”“权变”“精细”“节约”“目标拉动”“突破”“持续完善”“人本”等观念渲染下，企业员工能更客观认识并及时把握客户的新需求，进行正确的自主创新定位并优化自主创新工作流程，努力消除一切对实现自主创新目标无利或“利小于弊”的浪费性工作，提高工作效率以节约时间成本，以精细恒毅的态度克服自主创新中的各种困难与阻碍。

3）从制度方面。恩威并重、奖罚分明的精柔型企业制度文化氛围一方面民主人本、奖励创新业绩，大幅度提升企业的自主创新士气；另一方面排斥或严惩不服从组织安排、不负责任、畏难、粗心、浪费、腐败、官僚主义等不良言行态度。如此严肃而人本的制度氛围必然对企业员工的工作态度有较大影响。企业员工被要求做到以精细的态度对自主创新任务高度负责，认真听取客户的反馈，严谨分析客户的新需求与新问题，并将收集到的各种问题诉求整理归纳成文，提交集体会议讨论与论证。主管人员协同相关部门员工从大局出发、集思广益、反复推敲、修订或制订相关的自主创新计划，并以严肃而勤勉的态度真抓实干，力求克服各种自主创新障碍以解决问题或满足新需求。精柔型企业制度文化为成功的自主创新提供重要的制度保障。

4）从行为方面。精柔相融的精柔型企业行为文化渲染下，员工的言行素质得以提升，面对自主创新工作遇到的各种障碍，既不放弃、不知难而退，又更能根据客观情况整合与创新应用多方优势，以坚毅的态度弱化或排除自主创新障碍，提升员工在自主创新工作中的攻坚力量与攻坚成效。

4.2.3 精柔激励战术：实施原则与示例

1. 实施原则

“精柔激励”模式是一种既重视科学，又善于变通、创新和突破的激励模式，在精柔激励战术方法上体现出“千方百策”“灵动适境”的特征。这就是说，精柔激励战术并没有什么固定的方法、措施，只要能符合科学激励理论揭示的双因素、公平、人的需求层次、人的期望心理、正强化、负强化等基本定律，能遵循激励对象的心理规律和行为规律，能有效实现“上下同意”，提高激励对象自觉性、积极性、主动奋进意识，把企业推向成功的激励战术方法就可以根据客观情境灵活应用。因此，本书把研究侧重点定位于分析大规模定制（MC）模式企业应用精柔激励战术培育自主创新团队的基本实施原则。

在实际操作中，“精柔激励”应遵循以下操作原则。

1）精简节约，消除激励浪费，追求最低激励成本。

2）以柔克刚，以“巧”激励制胜。

3）以人为本，尊重员工。

4）动态应变，权衡环境。

5）观察入微，细致体贴。

6）有的放矢，目标明确。

7）思路开阔，方法多样。

8）出奇制胜，敢于突破传统激励模式。

9）设法让员工自我管理（如目标激励法等）。

10）把握员工自主创新的主导需求，因需制宜。

11）明确员工自主创新的关键障碍，协助员工排除障碍。

12）重视被激励对象的细微感受（见表4-5）。

表4-5 MC企业应用精柔激励方式培育自主创新团队的实施原则

实施原则	原则涵义
精简节约	企业作为一种理性的追求“经济利益最大化”的组织，当然也应当追求激励的经济利益。精柔激励求精、求科学，重视各种科学方法，力求“消除一切激励浪费”，追求最低激励成本
以柔克刚	精柔激励结合了精神激励、物质激励、制度激励和行为激励，力求在恰当的时候采用最恰当的激励方式。制度激励等刚性激励方式虽然必不可少，但激励者应明白“柔可克刚”“制度外的柔性激励其实更容易深得人心”，将“制度内”激励与“制度外”激励相结合，多采用柔性的激励方式

（续）

实施原则	原则涵义
以人为本	“以人为本”贯穿始终。精柔激励者应该是思行统一的全面人本者，真正尊重人性，不仅是“表面人本”“制度人本”
动态应变	精柔激励者应多权衡当前环境，善于“审时度势”，与时间流动、环境变化同步应变，力求采用最符合当前情境需求的激励方式
有的放矢	有明确的激励目标。MC模式企业精柔激励的目标通常是“上下同意”，企业上下级同心同德，齐心协力共建创新型企业
思路开阔	应用柔性思维和“头脑风暴法”等方法，多方向思考激励之策，善于从古今中外的书籍、案例中寻找灵感，激励方法灵活化、多样化、多维化
出奇制胜	敢于突破传统的激励方法、激励手段，必要时可以不拘常法，打破成规而出奇制胜。不排斥“新、奇、异”的激励方法。例如，将救灾式管理法灵活应用于员工自主创新激励中，告诉他们情况的紧急性
设法让员工自我激励 因需制宜	根据具体情境特征，想方设法让员工自我激励。例如，灵活应用目标激励法让员工自我激励 每一个MC模式企业员工在努力服务客户、满足客户各种定制、维护组织利益的同时，其实都有他们自己的个人利益，MC企业管理者也不能只关注客户利益和组织利益，忽视员工的个人利益，这些通常不被表达出来的员工个人利益往往与每个员工的工作积极性与创新能力有密切联系，注意动态的员工需求拉动动态的激励手段，例如培训激励、参与激励、创新激励、发展机会激励、荣誉激励、升职激励，等
协助“除障”	员工不愿意参与自主创新或自主创新失败通常是有原因的，精柔激励者要能及时发现问题与关键障碍，并协助员工排除创新障碍
重视员工细微感受	高度重视激励对象的细微心理感受，避免激励对象有任何“不被信任”“不受尊重”“不被公平对待”“被欺骗”等心理阴影

把握了表4-5中的实施原则，大规模定制（MC）模式企业就可以根据本企业的实际情况随机应变地进行有效的精柔激励，形成士气高昂、工作热情、创造力旺盛的自主创新团队。

2. 示例：基于目标激励法的MC企业员工自主创新精柔激励

“精柔激励”崇尚自我激励、自我管理。优秀的精柔激励者认为：让员工自我管理、自我激励，是最好的一种激励方式。目标激励法就是促使员工自我管理和自我激励的好办法。美国心理学家Locke1967年提出目标设置理论，认为人有希望了解自己行为的结果和目标的认知倾向，明确的工作目标可以帮助人们预估工作中可能要付出的努力，减少工作的盲目性，提高行为的自我控制力，从而提高工作的绩效。根据这个理论，目标管理法与目标激励法随后应运而生。目标激励法是一种试图让被激励对象明确自己的目标并如何自我追求目标的内在型激励方式。

以某大规模定制（MC）模式企业下 S 自主创新团队巧妙应用目标精柔激励方法促使该团队员工自我激励为例。

1）本例大规模定制（MC）模式企业根据客户定制情况、市场调研等，在对任务实施条件和团队能力有充分认识的基础上，确定了 S 创新团队的自主创新工作任务，并将工作任务转化为工作目标，让 S 创新团队的领导者明确本团队的总目标。将任务转化为目标的做法，是目标管理法或目标激励法的关键点，不容忽视。任务通常给员工的感觉是压力和被动，而目标通常给员工的感觉是动力和主动。将任务转化为目标，其实是在巧妙地化被动为主动，使员工在完成任务的全过程中没有被动、被迫感，而能产生一种从内而外的追求目标的动力。

2）S 创新团队领导将本创新团队的总目标结合工作特征、工作内容和每位团队成员的能力，层层分解成分目标，直至分解为自主创新团队中每个成员“可操作”的分目标。S 创新团队领导组织团队会议，说明本自主创新项目的重要意义，让团队成员明确本自主创新项目的总目标，然后团队领导让每位团队成员明确自己在这个创新项目中的分目标，领导者表达希望团队成员支持、无特殊情况不调整、共同努力实现创新项目目标的意愿。要使员工将实现这些由企业总目标、创新团队总目标分解而来的个人目标作为内心自发的需求、使目标成为引起员工积极行为的直接动机、自发想方设法地为实现个人在组织中的分目标尽最大努力并不容易，企业领导者与团队领导者都遵守因需制宜、有的放矢与思路开阔相结合、权变观与物质激励相结合、恩威和刚柔相结合、开阔思路科学激励、以人为本、“制度内”激励和“制度外”激励相结合、重视激励中员工的细微感受、设法让员工自我激励的原则。

3）由于可变因素较多，S 创新团队制定了既精细又柔性的自主创新计划，注意在实现创新目标过程中根据需要调整计划和动态控制，并加强日常的沟通与反馈。S 创新团队领导者通过与团队成员“制度外”的日常沟通与反馈，让每位创新团队成员都能很好领会项目总目标和个人小目标，从而更好地进行自我激励与自我管理，实现“上下同意”。

4）S 创新团队每周固定一个时间开一个团队内部的信息交流会，为了不浪费时间，会议时间不长，通常为 1～2 个小时。会议的主题是传达新近的项目实施信息、交流一周的工作进展情况、介绍项目实施中取得的好经验、总结项目实施中存在的问题、分析项目实施现状与目标的偏差及其潜在的风险，团队领导根据需要激励、协调、提醒、调整计划等，大家互相交流激发进一步创新灵感。

5）为了顺利实现创新团队总目标，企业领导者与创新团队领导者相互间的沟通与反馈也要加强。虽然S创新团队领导者已经得到上级的充分授权，但这并不意味着S创新团队领导者可以完全“独立”工作。充分授权是对S创新团队领导者的充分信任，对于S创新团队领导者而言，领导者的信任和内化的目标一样都是重要的激励因素。但是，S创新团队领导者必须主动多与企业领导沟通与反馈，及时向企业领导汇报或交流自主创新项目的进展情况、使企业领导及时掌握自主创新项目的重要情况、支持S创新团队应对难题，推进整个自主创新项目的实施。

6）企业领导者与S创新团队的领导者都很重视“奖惩分明”与“公平承兑”。一方面，根据精柔激励原则，制定并推行落实合理奖惩、奖罚分明的制度。另一方面，企业领导者和S创新团队领导者都严格自我要求，做到对下级“公平承兑”，按照奖惩制度可以得到奖励的员工一定可以得到相应的奖励，而按照奖惩制度应该受到惩罚的员工也必然要受到相应惩罚。讲究“恩威并重、刚柔结合”的精柔激励理念认为应该从“正+反”两面实施员工激励，有奖也要有罚，且公平面对所有员工。

7）S创新团队很重视榜样的作用。首先，S创新团队的领导者主张“身教重于言教”，重视“上行下效”的榜样激励意义。S创新团队的领导者具有较强敬业精神，他们的敬业行为无时无刻不在影响着其领导下的团队成员，团队成员们将领导者视为学习的榜样，激励工作因此变得更加有效。榜样的力量是无穷的，身边活生生的榜样尤其具有激励作用。领导者成为榜样，往往能提高领导者的威望，使下级员工心甘情愿努力工作、摈弃不良想法和行为、强化“自我管理”，激励效果格外显著。除了以领导者为榜样，也建议S创新团队学习浙江杭州钢铁集团公司的做法，充分发挥劳动模范、高技能人才的引领和榜样作用[7,8]，更多发现人才、挖掘人才、树立更多榜样。

总之，S创新团队巧妙地将团队的创新任务转化为创新目标，将团队创新目标分解为团队成员的子创新目标，并使团队成员明确并认同各自的个人创新目标，“从内而外”激励团队成员为实现个人创新目标而努力工作的积极性与动力，激发团队成员的自觉性、主动性和自我管理的潜能，实现让团队成员自我激励的目的。在实施目标激励的全过程中，S创新团队始终坚持精柔激励原则，做到刚柔结合、奖罚分明，“制度内”的制度激励、物质激励等与“制度外”的情感激励、精神激励等相结合，并不把物质激励绝对化、根据实际情况恰如其分地实施物质激励；S创新团队的领导者以人为本、尊重下级、经常与下级沟通交流、明确下级的主导需求、根据不同下级的不同需求施以灵活多样的激励；虽然激励方式灵活多样、随环境和对象不同而不同，但所有的激励都是有的放矢的，努力实现“上下同意”，团队上下为圆满实现创新目标共同努力。

4.3 精柔流程战术

4.3.1 柔性应用价值流图（VSM）管理法优化MC企业自主创新流程

价值流（Value Stream）是指从输入（如设计图、劳动力、原材料、设备、构配件等）向输出（成品交付给用户使用）转化全过程中的被赋予价值的全部活动（包括增值活动和非增值活动）组成的流，包括物流、人流、信息流等。例如，采购各种原材料，使原材料流向工厂，后又在生产全过程中流动，直至转化成成品交付给用户使用的全过程。

用流线和约定俗成的一套符号描绘企业生产中需要的各种物质、劳动力、信息等从输入到输出转化的全过程，即绘制价值流图。各种物质、劳动力、信息等的当前状态价值流图绘制出来后，对各条流的价值流图进行认真细致的分析，首先通过市场调查等途径了解客户需求倾向、需求节拍、需求量等情况，然后以客户需求为判断基准，遵循“先下后上”的顺序，越靠近最终客户的工序为“越下”，越靠近供应商的工序为“越上”，分析并判断价值流图上的每道工序、甚至各工序中具体工作细节是否能给客户创造价值，发现隐藏的不增值活动，把潜在的不增值活动挖掘出来，然后根据对每项不增值活动的存在原因和可删除情况分析，采取相应的措施淘汰各种不增值活动，精简、优化原价值流图，形成未来状态价值流图，为未来构建各种物质、劳动力、信息等的“无浪费”价值流指明明确的方向，这整个过程就是价值流管理。

价值流图管理法原本是日本丰田精益生产系统中识别浪费、使隐藏的难以发现的浪费暴露出来、精简价值流、优化运营流程的重要而有效的方法。本研究将这种方法“柔活”应用于大规模定制（MC）模式企业自主创新流程管理中，使隐藏在大规模定制（MC）模式企业自主创新流程中的浪费被挖掘和识别出来，以便于消除浪费并使整个创新流程得到精简和优化。

4.3.2 根据具体情况设置价值流图组成的各种符号或图形库

大规模定制（MC）模式企业自主创新系统的具体目标和环境特征、输入要素、输出要素、所需的加工要素、常见的反馈要素等不同，价值流图中必须有的要素也不同。每个大规模定制（MC）模式企业都可以根据实际情况设置企业内部通用的用于组成价值流图的符号或图形集，不同形状的符号或图形代表着某一类价值流图构成要素，并在整个企业中统一下来，价值流图的绘制者和使用者必须熟练理解和掌握这些符号和图形的含义，以便准确表达和看懂价值流图的含义。

例如，阳光公司是一家主要生产电子仪器的大规模定制（MC）模式企业，其设置的价值流图符号或图形集见表4-6。

表4-6　阳光MC模式电子仪器厂设置的价值流图符号或图形代表

价值流图的组成	符号或图形代表
市场调研	
客户	
明确创新目标/任务	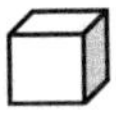
客户订单	
提出方案	
客户反馈	
研讨如何解决创新问题	
总结需要改进的问题	
确定定制点	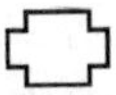
概念设计	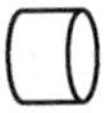
化整为零的设计与生产	
新技术的突破	
化零为整的组装	
调试	
编码	
包装	
运输	
接受客户反馈	

4.3.3 绘制自主创新项目的价值流图

以阳光MC模式电子仪器厂研发亲和型电子显微镜产品为例，绘制优化前的价值流图如图4-2所示。

第一步，阳光MC模式电子仪器厂首先进行市场调研。新产品开发的成功必须建立在对顾客需求和期望的深入认识的基础之上，产品研发前的前期市场调查工作十分重要。市场调查工作要做得详细具体，既要对市场当前需求有充分的了解，又要对客户潜在的或未来的尚未明确的需求有深入的认识。据统计，74%的失败项目缺乏详细的市场调查。本例中，阳光MC模式电子仪器厂通过市场调查发现：原来的电子显微镜旋钮和按钮太多，使用时要求使用者手脚并用，感到手忙脚乱，而且在操作上的难度不利于学习和应用。大多数电子显微镜客户需求易学实用的亲和型电子显微镜。而不同的消费人群对电子显微镜的细节还有不同的要求。

第二步，明确创新目标和任务，组建创新团队。在充分的市场调查基础上，阳光MC模式电子仪器厂明确了创新目标和任务，即研发亲和型电子显微镜。

第三步，团队研讨。以提高电子显微镜的亲和性为目标，创新团队开会讨论亲和型电子显微镜的初步设计方案。

第四步，确定定制切入点。所谓定制切入点，是指在产品或服务的价值链中首次包含客户定制要求的时间点。它可能在产品的研发设计阶段，也可能在产品的生产阶段、装配阶段或销售阶段。定制切入点在设计阶段的定制要求在产品设计阶段就要实现客户定制，这是最大程度的定制，定制成本一般比较高，也较难实现；定制切入点在生产阶段的定制是指在不改变设计的情况下，根据客户要求改变其中某些部分尺寸或材料等；定制切入点在装配阶段的定制是指由客户选择标准元部件组装成不同产品的定制；定制切入点在销售阶段的定制是定制程度最低的定制，其定制只在销售阶段实现，而前面阶段都可以按批量生产方式运作，定制成本最低，如裤子厂家一般不固定裤长，消费者在商场买的裤子，可以到专设的服务点确定裤长并进行锁边，厂家和消费者互利。由于，定制切入点在越后面，产品的定制成本一般越低，因此，企业应根据产品特点和客户需求特征尽可能地后移定制切入点，以在客户需求与定制成本中求得均衡。一般来说，对于客户个性化需求高的产品，如科研用的专用仪器设备，客户必须在产品设计的开始阶段就参与进来，企业的措施是尽量多采用标准化通用零部件；而对于元器件标准化程度高的产品，如个人计算机等，则可以让客户在产品装配阶段才参与定制，企业根据客户订单装配即可。本例中，电子显微镜属于科研用的专用仪器设备，客户对其个性化需求较高，应该让客户在产品设计阶段就参与定制。

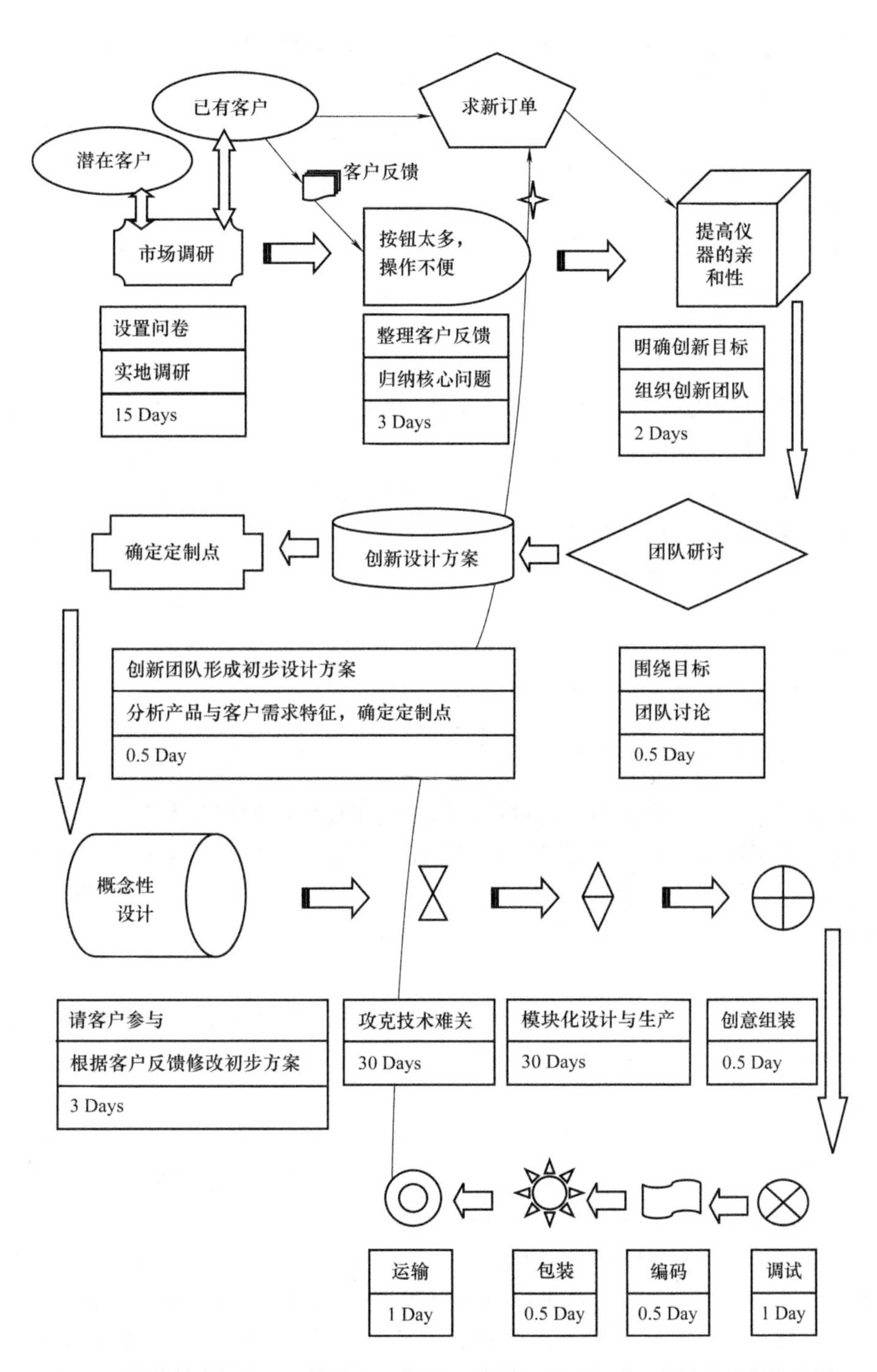

图 4-2 优化前的阳光 MC 模式电子仪器厂研发亲和型电子显微镜产品价值流图

第五步，概念性设计。为了在定制状态下实现大规模生产的规模经济，阳光MC模式电子仪器厂实施化整为零式产品设计，即模块化设计，将产品部件设计为一个个可以通用的标准组件或模块，并建立起产品模块库。阳光MC模式电子仪器厂在市场调查的基础上，根据细分市场特点，将电子显微镜分解为各个标准的通用的小部件，如镜片、底座、按钮、旋钮等。在这个过程中，阳光MC模式电子仪器厂邀请客户参与，注意使产品模块尽量能体现各细分群体的消费特点，并根据客户需求修改之前形成的初步设计方案。

第六步，攻克技术难关。

第七步，模块化设计与生产。模块的分解应有利于尽快识别和易于迅速结合组装，对各个模块应进行标码、标价和简要的性能特征分析说明。同时不能让标准化组件太多，多则滥，不仅让客户挑花了眼，而且也不利于企业降低成本。

第八步，创意组装。化零为整，将模块组装成整机。

第九步，调试。调试新品。

第十步，给新品编码。

第十一步，包装。

第十二步，运输。

该价值流图的运作时间需要87.5天。

4.3.4 优化创新项目的价值流图

认真分析上述价值流图，将价值流图上的工作活动分成三大类：

第一类工作活动是为了实现最终目标、满足客户需求必须有的工作活动，这类活动是有价值的增值（Value-Adding）活动。如该价值流图中的调研工作、明确创新目标与任务、组建创新团队工作、确定定制切入点、概念性设计、攻克技术难关、模块化设计与生产、创意组装、调试、包装、运输；

第二类工作活动不是实现最终目标、满足客户需求所必需的，是没有价值的（Non-Valueadding）活动，属于应该马上删除的浪费，如本价值流图中的团队研讨；

第三类工作活动虽然不是实现最终目标、满足客户需求所必需的，但因为现行政策、规章制度等需要的环节而不能被删除。这类工作活动被称为必要但不增值（Necessary But Non-Valueadding）活动，暂时还不能删除，如该价值流图中的编码工作。同时，价值流图上有些工作环节虽然不能被删除，但可以与其他工作环节整合或并行，也可以减少浪费或节约时间。如该例中，价值流图中的“攻克技术难关”与“模块化设计与生产”两项工作活动可以并行，组装、调试、编码、包装工作可以根据情况灵活、穿插着进行。

整条价值流图上的所有工作环节应该是“环环紧扣”的，前一个环节的创新工作要受到后一个创新工作环节的动态拉动，满足后一个创新工作环节的需求；前一个环节的创新工作成果要能对后一个环节的创新工作负责。工作环节与工作环节应该避免有“时间拖延”“等待”等现象。这样图4-2的价值流图可以优化为图4-3的价值流图。

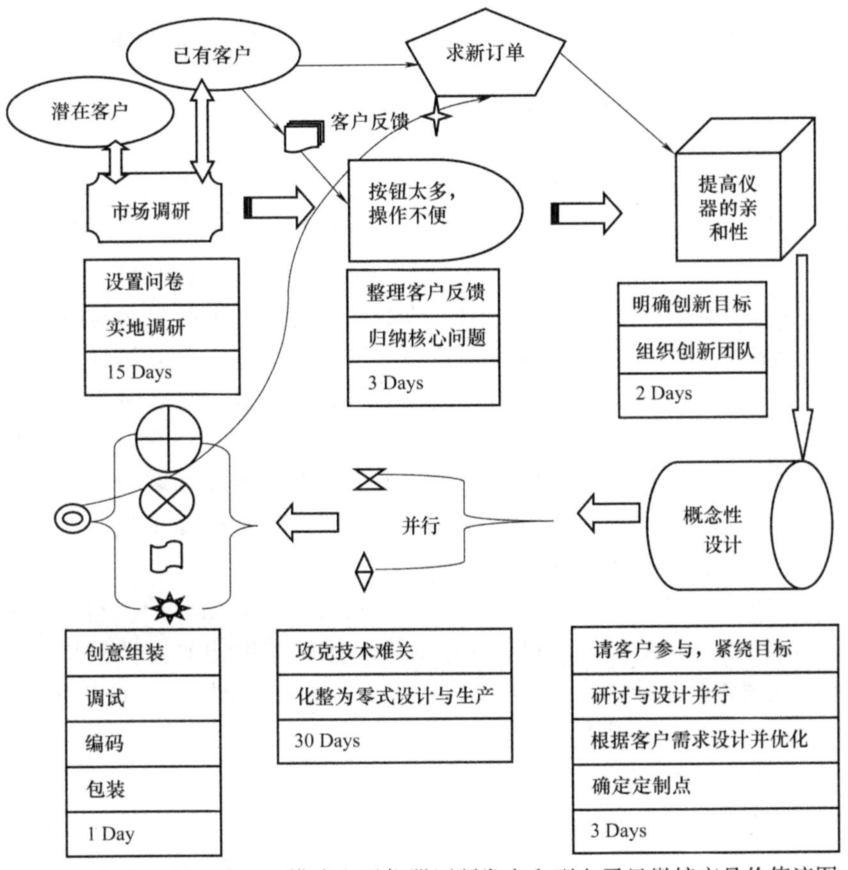

图4-3 优化后的阳光MC模式电子仪器厂研发亲和型电子显微镜产品价值流图

通过优化，阳光MC模式电子仪器厂消除了原价值流上存在着的时间拖延、不必要单列的工作环节等浪费，使客户与概念性设计紧密联系以避免可能导致返工或客户不满意等风险，并柔性应用了精益的拉动式思维和并行工程理论，使整条价值流上的所有工作环节紧密衔接，在同一时间可科学并行一种以上的工作，进一步提高了创新效率，大大减少了自主创新项目的时间成本。优化后的价值流图运作时间需要54天。比优化前的价值流图节约33.5天。

4.4 精柔方法战术

企业自主创新离不开信息技术与方法。为了提高企业自主创新能力，企业必须尽力引进、利用国内外先进信息技术。然而，引进、利用国内外先进信息技术是需要花费巨资的。有没有在现有信息技术条件下优化企业自主创新的方法平台之策？精柔型企业文化对企业员工的工作方法有“潜移默化”的影响。本书基于精柔型企业文化“柔+精”理念建议以下精柔方法战术。

4.4.1 TQM的柔性应用：MC企业“三全”自主创新管理方法

全面质量管理（Total Quality Management，简称TQM）系统提出了“三全”理念，即全过程的质量管理、全企业的质量管理、全员的质量管理。当TQM被柔性应用于大规模定制（MC）模式企业的自主创新管理，形成适用于大规模订制（MC）模式企业的“三全”自主创新管理方法，将有效优化大规模定制（MC）模式企业自主创新全过程管理、全企业管理和全员管理。“三全”自主创新管理强调企业员工“人人创新（企业从上到下每个员工都要参与自主创新）”的同时，也强调企业自主创新的事前管理（战略、计划、创新团队的构建、创新人员的配备、创新需要的条件预备等）、企业自主创新的事中管理（优化流程、消除创新浪费、精动控制）、企业自主创新的事后管理（创新成果的鉴定与后评价、收集创新品售后的客户反馈，应用自主创新成果的客户反馈提升后续创新价值等）和企业中每个部门都参与自主创新（自主创新不仅是研发部门的任务，而是全企业中所有部门的任务）。

在全面质量管理（Total Quality Management，简称TQM）中，与“三全”理念相辅相成的是PDCA循环。PDCA是持续促使质量优化的良性循环方法。其中，“P”是“Plan（计划）”的英文首字母，表示先确定战略、战术目标并制订计划；“D”是“Do（执行）”的英文首字母，表示按照计划执行；“C”是“Check（检查、核对）”的英文首字母，表示实事求是地检查或核对执行计划的客观情况，分析计划与实际执行情况是否一致，如果不一致则要分析计划与实际执行情况的偏差及其可能的原因；“A”是“Action（处理）”的英文首字母，表示在对偏差进行签订、找到偏差产生的客观原因基础上，采取消除偏差、纠正问题的相应处理措施，保证目标的实现。PDCA不是“一劳永逸”的，它应该是一个良性循环、持续优化的过程，如同一个不断向前运转的车轮在持续滚动中朝着目的地持续不断地前进，其结果是离完美目标越来越近。

精柔型企业文化理念熏陶下的员工认为任何科学方法都可以被灵活、柔性应用于它适合的环境中，不必拘泥于该方法提出的初衷。尽管PDCA循环（也称为“戴明环”）方法被美质量管理专家戴明首先提出的初衷是持续优化产品质量，但是，精柔视角认为PDCA循环方法不仅可以应用于大规模定制（MC）模式企业自主创新的质量管理，还可以应用于大规模定制（MC）模式企业自主创新的成本管理、进度管理等，以持续优化大规模定制（MC）模式企业自主创新的质量、成本、进度等。大规模定制（MC）模式企业自主创新PDCA成本/质量/进度管理法示意图如图4-4所示。

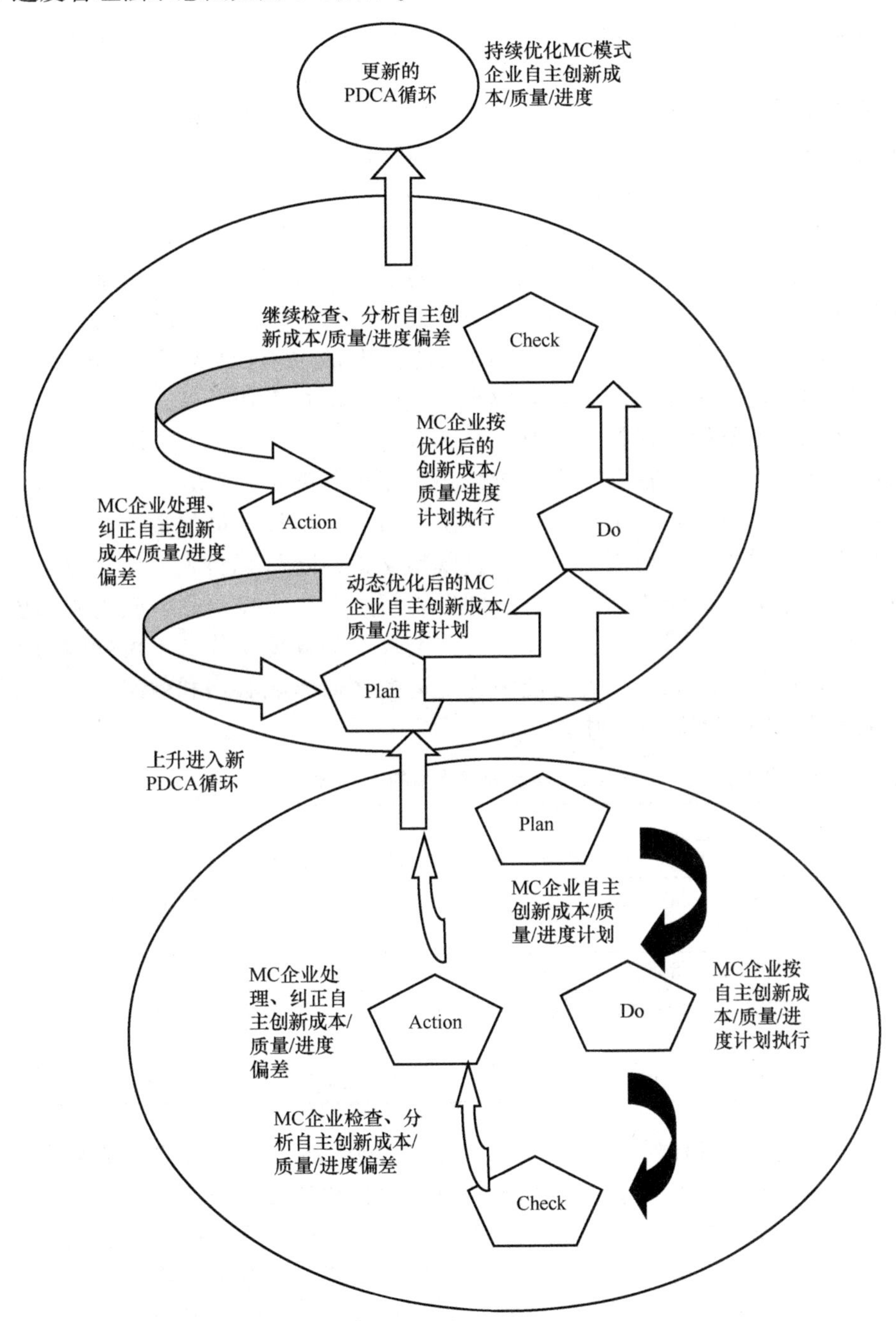

图4-4　大规模定制（MC）模式企业自主创新PDCA成本/质量/进度管理法示意图

4.4.2 精益 5S 管理法的柔性应用：优化 MC 企业自主创新现场

精益管理体系应用了 5S 管理法，其基本含义见表 4-7。基于精柔思维，本研究认为丰田精益的 5S 管理法完全可以应用于大规模定制（MC）模式企业自主创新的现场管理。首先是整理自主创新团队的工作场所。明确有用的物件与无用的物件并将它们分开来放，在丢弃没用物件之前先认真思考如何“废品利用”，尚有利用价值的“废品”可以暂时存放在规定地点，对于确实无利用价值的物件要坚决丢弃；第二，在整理后，还要整顿，要把整理后保留下来的物件按类别放好，各类物件的摆放地点、存放容器都要固定，不能随便乱放，需要时可以随时找到，提高效率；第三，保持天天清扫习惯。创新团队的每位成员都有义务清扫，每位成员都要把自用的工具、设备、办公桌等清扫干净；第四，自主创新团队在每天工作之余都要整理、整顿、清扫工作场所，并一定要形成制度，使工作场所始终保持井然有序，所有行道畅通无阻，不会因为磕碰绕道等影响创新工作效率。整个工作场所开阔明亮也有助于创新人员捕获创新灵感和提高工作效率及质量；第五，高度重视提高创新工作人员的素养，从内而外塑造创新型优质员工。使创新团队成员既精又柔，既认真负责、持之以恒、高度求精又柔性灵活、随机应变、善于捕捉创新点子。保障企业形成优秀的创新型精柔团队，而这个团队又在十分“整洁悦眼”的环境工作，不可能因为找不到某个物件而浪费时间，也不可能因为走道拥挤而影响心情和效率，其降耗提效于无形的“整洁促高效”中。

表 4-7 精益管理体系的 5S 管理法

5S	含 义
Seiri	即整理，是指整理生产现场，明确现场的每件东西是否有用，清理掉没用的废品
Seiton	即整顿，是指在整理的基础上，将清除没用物件后而留于生产现场的所有物件井井有条地分类摆放好
Seiso	即清扫，是指即清扫生产场地，使场地干净清爽
Seiketsu	即清洁，是指即通过制定整理、整顿和清扫的具体执行制度，使前面的 3S 工作稳定化和持久化
Shitsuke	即素养，是指即提高员工素质，培养员工认真做事的良好工作习惯。这是 5S 的核心

总之，建议大规模定制（MC）模式企业应用 5S 管理法改善企业自主创新的现场管理。通过井然有序的 5S 管理，既可以优化创新人员工作环境，又可以提升创新人员素养与创新力，促使创新团队及其所有成员以最佳状态投入创新工作，有效提高创新效率和质量，有效减少时间延误、返工、找不到物件、操作失误、安全事故、火灾、设备故障等浪费或事故。此外，不同的大规模定制（MC）模式企业可以根据企业实际情况加上一些“S”，如加上 Save（节约），

就成了“6S”；再加上Safety（安全）就成了“7S”等。

4.4.3　系统分析法的柔性应用：精柔解决创新难题

系统是若干要素有机构成的整体。系统具有层次性，可以层层分解，母系统可以分解成较小的子系统，子系统还可以继续分解成更小的子系统，如图4-5所示。目前在软件设计中常用系统分析法。先将大的目标系统分解成较小的子系统，层层分解直至易于设计的功能模块。例如，我们要设计一个电算会计应用软件，涉及复杂的财务处理功能，如果直接面对这个复杂的大系统，最高明的程序设计师也会感到茫然；这时，就应该在程序设计之前，先进行科学的系统分解，将我们的设计对象最终分解为一个个相对独立的功能模块，然后针对每个功能模块设计程序。同时使每个程序短小精悍，既降低了调试程序的难度，又使程序设计员在逐个突破出获得成就感、提高积极性和信心，提高后续工作的质量和效率；当设计好最下层的每个功能模块之后，设计员再开始设计更上一层的子系统程序，使之在不同指令下调用下层相应的功能模块即可，而后再设计更上一层的子系统程序，同样使它在不同指令下调用下层相应系统；如此，直至完成整个目标系统设计。

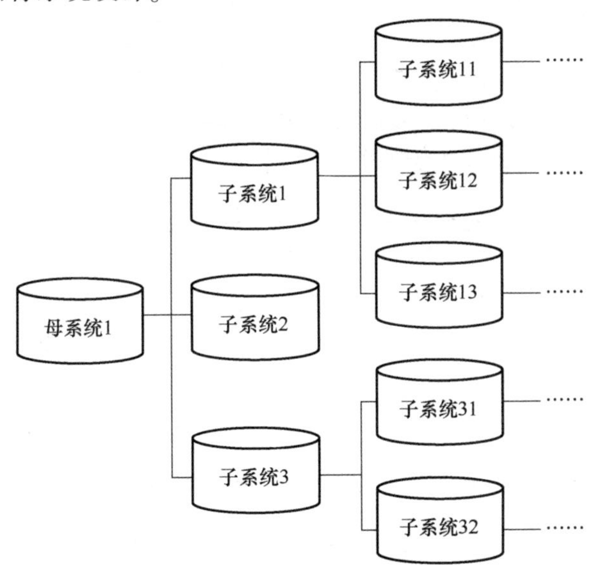

图4-5　系统的层次性

大规模定制（MC）模式企业经常要面对复杂的创新难题，有时这些难题会令创新团队很困扰。基于精柔思维的“开阔思路科学解题”原则，本书引入系统的层次性原理协助大规模定制（MC）模式企业解决各种各样的创新难题。任何大规模定制（MC）模式企业遇到的创新难题都符合系统的概念，都是系统，都可以分解成更小的子系统，而子系统还可以继续层层分解。在创新难题系统被层层细化分解的同时，复杂创新难题被化解成一个个较易解决的子问题，解题思路逐渐清晰化，达到“复杂问题简单化”的目的，如图4-6所示。解决这些创新难题时，应该从最底层、最简单的子问题开始解决，然后逐层解决问题。如此，复杂的创新难题通过一层一层细化分解，巧妙实现“复杂问题简单化”，再一层一层地向上解决问题。再复杂、难解、庞大的创新难题系统都可以采用“复杂问题简单化”的系统分析方法找到解题思路。

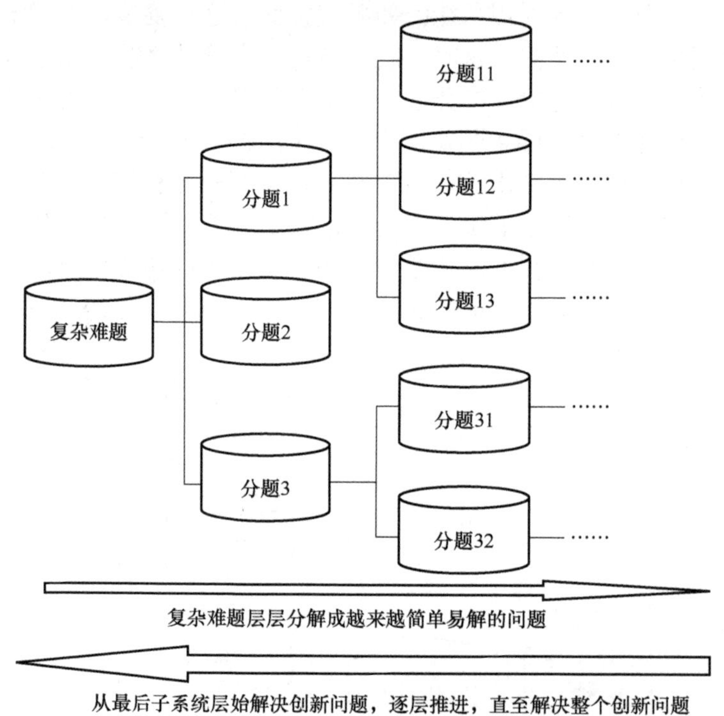

图4-6 复杂创新难题简单化

4.4.4 价值工程管理法的柔性应用：提升自主创新价值

精益体系应用了价值工程（Value Engineering，简写VE）理论，该理论也称为价值分析（Value Analysis，简写VA）理论。价值工程理论应用公式“价值(V)=功能（F)/寿命周期成本（C)”定义了与政治经济学、哲学有所不同的“价值”定义：对象的价值是对象功能和获取该功能所耗费的全部费用（寿命周期成本）的比值。根据价值工程理论，产品或服务的价值高，就意味着该产品或服务给客户的性价比高，客户的满意度高；产品或服务的价值低，就意味着该产品或服务给客户的性价比低，客户的满意度低。价值工程理论对“价值”

的定义，将价值与客户需求紧密联系起来，很有利于企业树立“以客户为本”的价值观，很有利于企业的可持续发展。

基于精柔型企业文化理念，将价值工程法柔性应用于大规模定制（MC）模式企业自主创新管理中，并重视创新过程、创新模块、模块重组细微环节的价值提升，进一步挖掘大规模定制（MC）模式企业产品、服务、研发平台的潜在创新空间，进一步提升创新成品的价值。具体的实施，即基于价值工程理论与方法，以公式“价值（V）= 功能（F）/寿命周期成本（C）”衡量创新设计方案整体与局部细节、研发过程各工作环节、产品构成各功能模块的价值，去除或优化无价值与低价值的工作环节与功能模块。在价值衡量时，采用的“F（功能）”值应该是由客户需求决定的，若无客户需求则“$F=0$”。根据公式“价值（V）= 功能（F）/寿命周期成本（C）”，提升各创新工作环节、各功能模块等的价值主要有以下途径：

1）保持功能不变，降低创新工作环节、功能模块等的成本。

2）提升功能值，保持创新工作环节、功能模块等的成本不变。

3）一定程度降低功能值，但同时更大程度降低创新工作环节、功能模块等的成本。

4）提升功能值，同时降低创新工作环节、功能模块等的成本，这是最理想的提升价值途径如图4-7所示。大规模定制（MC）模式企业的自主创新要与客

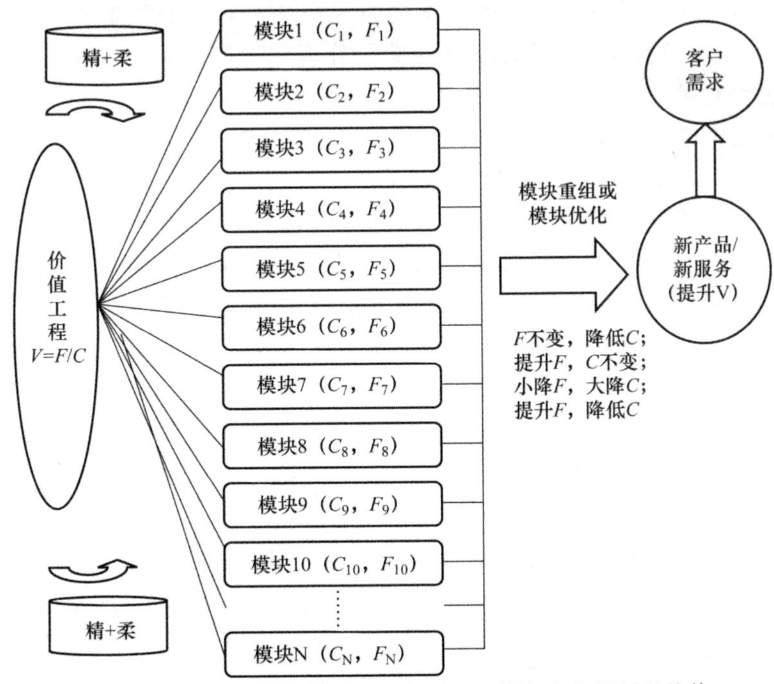

图4-7 应用价值工程管理法提升MC模式企业的创新价值

户定制、客户需求趋势紧密联系，这样才能有效提高“*F*”值，同时要尽力消除一切浪费、降低成本，千万不要忽略了细节的功能与细节的浪费、成本。细节决定成败，细节优化的力量不容忽略。

4.4.5 因果分析图法的柔性应用：精柔分析自主创新成败原因

因果分析图（Cause & Effect Diagram，也称特性要因图、因果图）法是一种具体分析质量问题产生大原因、中原因、小原因并最后分析得出主要原因的一种好办法。因为因果分析图的形状类似鱼骨、鱼刺，也常被人形象地称为鱼骨图、鱼刺图等。本研究柔性应用因果分析图辅助 MC 模式企业自主创新管理，具有很强的适用性与可操作性。

因果分析图较容易掌握，其基本原理比较简单，即首先绘制一条带箭头的直线，把所要解决的问题或实现的目标作为箭头的目标，标注于箭头指向的终端，视为“鱼头”，然后在“鱼头”目标的拉动下，深层次、全方位地挖掘思考出现问题的大原因、中原因和小原因或者有助实现目标的大对策、中对策、小的具体对策，并以“大、中、小”三层次标注在图上。一般企业员工通过简单学习都可以掌握因果分析图的基本原理。因果分析图近似鱼刺的形状帮助应用者逐层拓展思维（许多应用者会配合应用头脑风暴法等方法辅助全方位的思考）、循序渐进地挖掘问题原因或实现目标的途径；其表达出的“大、中、小”三层次的原因与对策很直观，并可在主要原因与主要对策前加上“*”作为标识，应用者较容易通过绘制好的因果分析图分析明确产生问题或实现目标的主要原因、主要对策。

因果分析图既可以帮助大规模定制（MC）模式企业的创新团队与创新员工个人分析自主创新项目失败原因，以便找到失败的主要、具体原因，以便在后续工作中改进与优化；又可以帮助大规模定制（MC）模式企业的创新团队与创新员工个人分析如何进一步提高自主创新能力、自主创新质量和效率或进一步降低自主创新成本的对策。例如，某大规模定制（MC）模式企业采用因果分析图法针对某自主创新项目某阶段失败的原因进行分析如图 4-8 所示。通过分析得到此创新项目该阶段失败的主要原因是：人员技能不熟练、人员思维方式不科学影响了创新能力、设备陈旧、技术未改进、采用的传统技术不适应该创新项目、与客户缺乏沟通、上下级缺乏沟通、采用“推动式”静态计划、计划脱离实际。

又如，某大规模定制（MC）模式企业应用因果分析图法分析如何提高员工自主创新效率的对策（图 4-9）。通过分析得到提高员工自主创新效率的重要对策是：具备精益求精精神与柔性求新精神，具备精益思维与柔性思维；规范化创新工具的同时又要根据情境采用最恰当的创新工具；规范创新方法的同时又要能根据情况科学变通；创新方法的应用要熟练化、思路开阔、持续学习。

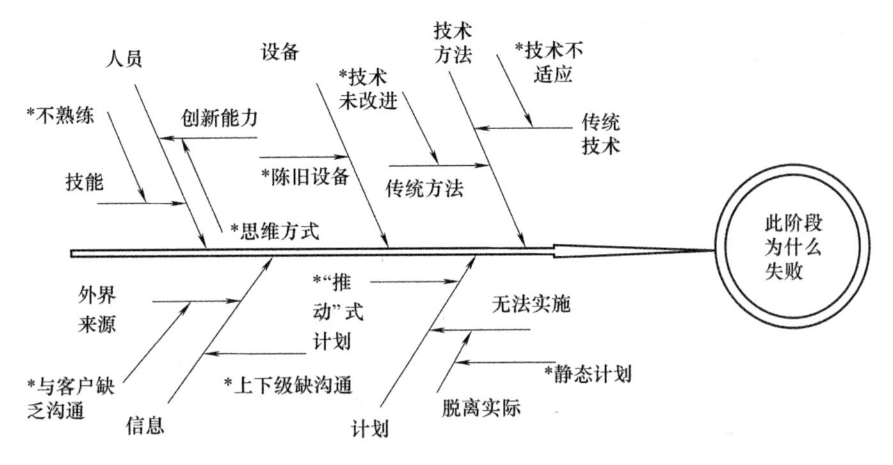

图4-8 应用鱼骨图法分析某自主创新项目阶段性失败原因

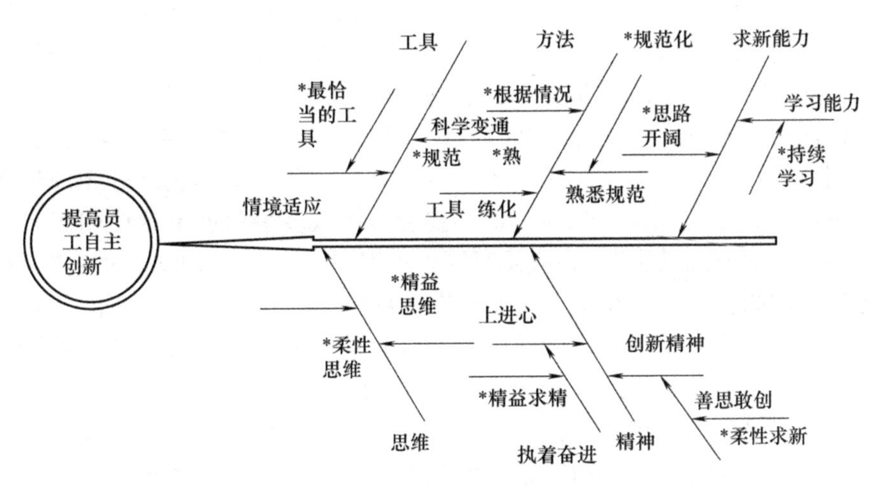

图4-9 应用鱼骨图法分析提高员工自主创新效率的对策

4.4.6 正态分布分析法的柔性应用：精柔分析自主创新成败原因

正态分布（也为常态分布），即 Normal Distribution，又称为 Gaussian distribution（高斯分布）。客观事物即使处于最正常状态下，其性能特征值的分布也不会是一个稳定的数值，总是不可避免地受到环境中偶然因素的微妙影响而产生偶然误差，这些偶然因素的影响通常微小，而且不容易找出导致偏差的具体原因，大多数情况下可以被忽略，于是就形成一条客观规律：事物在正常状态下，其性征值的概率分布应该呈现“中间高，两侧低，两侧对称”的曲线状分布——即正态分布。正态分布有 σ 和 μ 两个关键参数，记作 $N(\mu,\sigma^2)$。其中，σ 表示标准差，是对控制对象性征值离散程度的描述，如果 σ 比较大，则正态分布曲线就比较扁平，反之，σ 越小，正态分布曲线就越高陡；μ 表示控制对象性征值的平均数，处于正态分布曲线的中心。正态分布的曲线在中心点（平均值 μ 处）最高，从中心向两侧应该以近似对称状下降。正态分布原理反映了事物在正常状态下的客观分布规律，如果事物的性征值分布曲线不能呈现正态分布，则可基本判断此时有异常状况出现。工作和生活中有很多问题是可以应用正态分布原理解决的。但遗憾的是，目前虽然很多人熟悉正态分布原理，却不懂得灵活应用正态分布原理。正态分布原理其实对精动控制有十分重要的意义，当你希望能随时知道控制对象是否处于正常状态、随时知道控制对象是否存在偏差时，不妨先想想能不能应用正态分布原理呢？应用头脑风暴法，思考怎样科学而巧妙地把正态分布原理应用于特定的情境下。

现成的控制方法中，应用正态分布原理的就不少，例如控制图法、直方图法、6σ 管理法等。基于精柔型企业文化，本研究认为可以活用正态分布法辅助大规模定制（MC）模式企业自主创新管理。除了要善于应用这些现成的控制方法实施精动控制，并把这些方法灵活应用起来，不要拘泥于其原先的应用范围；还要能根据具体情境需要灵活应用正态分布原理解决大规模定制（MC）模式企业自主创新过程中可能需要解决的各种现实问题。例如应用正态分布原理测评员工自主创新能力或其他的某项特征、技能等。从多个角度灵活应用正态分布原理，但“万变不离其宗”，在应用时要牢牢把握住正态分布曲线的特点和打破思维定势。例如，很多人在学习正态分布曲线时，应用的正态分布曲线是横向的，于是在以后的工作和生活中就对正态分布曲线形成了思维定势，顽固地认为正态分布曲线是横向的，而不懂得将之“竖起来”“侧着放”等，使它得到更好的应用；按照正态分布原理，其曲线应该是关于 μ 对称的，如果你的曲线明显偏向一方，则说明你的控制对象当前状况中一定存在某种系统误差，你应该根据分布曲线的偏向寻找客观原因，以便及时解决问题；如果控制对象的概率分布曲线过于扁平，则要高度关注其特征性是否已经超出了规范规定；按照正态分布的“$P(\mu-\sigma<X\leqslant\mu+\sigma)=68.3\%$；$P(\mu-2\sigma<X\leqslant\mu+2\sigma)=95.4\%$；$P(\mu-3\sigma<X\leqslant\mu+3\sigma)=99.7\%$”规律，离平均值超过 3σ 的质量特征值就属于小概率事件了，在抽样次数有限的情况下，这样的小概率事件发生的可能性很小，如果发生，则出现异常状况的可能性很大。这就是说，根据正态分布法的基本原理，当自主创新工作不出现异常时，所抽样检测的各种创新性征值都应该呈现正态分布且分布范围不超出“$\mu-3\sigma$”与“$\mu+3\sigma$”之间，否则要检测偏差产生原因并“对症下药”排除偏差，以保证创新目标得以实现。

目前，大多数研究强调现成方法的应用，笔者认为“授人以鱼、不如授人以渔”，灵活掌握科学方法原理，比刻板掌握一种方法重要。明确了柔性应用科学方法的原则，使科学方法之“精细”与“不同情境”“柔性”相结合，才能在不同情境下灵活解决问题，使很多看似很难的问题以“柔性+精细”的方式得到圆满解决[2,3]。

4.5 培育精柔型创新团队的战术

4.5.1 构建学习型企业，边学习边创新，边创新边学习

所谓学习型组织，就是充分发挥每个员工的创造能力，努力形成一种弥漫于群体与组织的学习气氛，凭借着学习，个体价值得到体现，组织绩效得以大幅度提高。1994年7月15日，彼得·圣吉的《第五项修炼》中文版一书的问世使创建学习型组织的意义得到较广泛的认识，“再学习（Everlearning）”越来越成为企业生命的源泉，成功的公司将是知道如何搜集、管理和持续更新知识的公司。初步统计，美国排名前25名的企业中有20家按照学习型组织的模式改造自己。壳牌石油公司企划总监德格认为，对于企业而言，唯一持久的竞争优势是具备比竞争对手学习得更快的能力[9,10]。

1. 企业要边学习边创新

任何一个想要提高自主创新能力的企业都要构建学习型组织。首先，企业自主技术创新的过程本来就是一个格外需要学习的过程。卡尔布莱斯（J. K. Calbraith）认为技术就是科学知识或其他有组织的知识在实际任务中的系统应用[11,12]。技术与知识密切相关，企业技术能力的本质是知识，企业技术创新过程是一个需要先进知识大力支撑的过程。而我们看到的现实是：没有一个技术人才所具备的知识积淀不需要通过再学习来补充和更新，所有参与自主创新的员工都需要与时俱进、持续不断的学习。其次，企业自主创新过程也应是推动企业员工相互学习的过程。通常情况下，企业应鼓励所有员工都参与自主创新。但据统计，创造出80%自主创新成果的创新者只占企业员工的20%。也就是说，企业中一般只有20%的员工具备较强的自主创新能力，他们来自企业的各个部门，可以是企业的专业技术人员，也可以是企业的高层管理者或其他员工。企业的技术创新团队常常由这些来自不同部门的不同专业特长的技术核心人员或企业内外专家有机组成。在共同目标的驱动下，个人的力量将显微薄，团队成员必须在科技信息、技术转移、技术援助等方面互相提供技术帮助，并在相互学习、分工协作、群策群力的基础上，争取共创辉煌。最后，企业自主创新过程还应是高效学习的过程。企业自主创新提高了员工的学习目的性，员工不是为了学习而学习，而是为了取得自主创新成果而学习。这种“有的放矢”的

“再学习”与许多企业所强调的“空泛学习”“形式学习”显然不同，“有的放矢”的学习使员工对学习的价值有十分明确的认识，对学习有强烈的需求和紧迫感，员工常常处在一种自发的紧张状态下自觉并有针对性地学习，学习效率大幅度提高。

总之，现代大规模定制（MC）模式企业应该是始终保持旺盛学习力的学习型企业，学习的目的是使企业具备更强的适应力与创新力，企业应当边学习边创新。而且，建设学习型组织还是企业构建精柔性企业文化的“成功之基”。

2. 企业要边创新边学习

建议企业以推进自主创新为契机，大力推进学习型组织建设，强化全体员工的学习意识、学习习惯与学习成效。企业自主创新实践对知识和“再学习”具有格外需求的特性，使它成为建设学习型企业的良好载体。从工作群体发展起来的各个团队是学习型企业的基本构建单位。企业自主创新工作团队本身的学习目的性和重要性由于自主创新工作需要，往往较其他团队明显提高。同时团队成员间相互学习的机会较多，辅以恰当的引导将极有效率地提高团队学习气氛，成为企业学习型团队的楷模，并对相关团队具有“传染性”和榜样作用。而且来自企业不同部门的自主创新团队成员回归原部门后，他们的学习态度对原部门人员将有不同程度的带动作用。因此，不失时机地在企业自主创新实践中“推波助澜”，让一部分人先学习起来，以榜样化学习型小团体影响并推动学习型大团体，可望使学习型企业建设向前迈一大步。

在企业自主创新实践中推进学习型企业建设，企业应找准切入点，否则难免陷入盲目、低效的状态[13]。

（1）切入点一：培养“为技术创新而学习”的观念　个人观念是任何自觉行为的最终控制者。1981年，在通用濒临破产之际上任的杰克·韦尔奇做的第一件事就是更新观念，从而造就了一个认识一致、共同学习的团队。据日本有关资料统计，工人文化水平每提高一个等级，技术革新者的人数就增加6%，工人提出革新建议能降低成本10%～15%，而受过良好教育和培训的管理人员，因创造和运用现代管理技术，则有可能降低成本30%。鼓励所有员工都参与企业自主创新实践，培养“为技术创新而学习”的观念，并辅以可观的激励措施，不失为创建学习型企业的一条捷径。

（2）切入点二：寓“学习”于技术人才管理　人才管理与人才行为有直接关系。技术人才管理好了，才能对提高技术人员的工作和学习积极性有利、对学习型企业建设有利。

针对该切入点的战术实施，笔者有如下建议：

1）高薪引进或外聘高尖技术人才。事实上，企业大多数员工并不具备自主技术创新能力。资料显示，我国成年人的平均受教育年限仅有 7. 8 年，专业技术人员平均受教育年限为 13. 05 年，企业中很大一部分员工缺乏自主技术创新所必需的科学技术知识和创造性的思维模式，企业员工自主技术创新能力普遍较低。因此，企业很有必要高薪引进或外聘高尖技术人才，使其承担重要技术创新项目，并充分发挥其“传帮带”作用，提高企业整体学习力和自主技术创新能力[14]。

2）建立“能者上，庸者下”的人才竞争制度。为“促进斥退”，企业对各级人才在待遇上应区别对待，对各级人才的区分可以采用量化制。根据企业具体情况，设立各指标如工作成绩、学历层次、技术级别等在评分中的权重，再根据每位目标员工的具体情况对其各指标打分，经过简单的统计公式就可以计算得到每位目标员工的总分，作为评定待遇级别的依据。上述目标员工是指符合企业考核标准的员工。各企业有所不同，一般为较受企业重视的员工。非目标员工可以通过努力成为目标员工。企业每一年对目标员工定级一次，“能者上，庸者下”。在这种制度压力下，少有员工懈怠，工作和学习热情高涨。

3）不断培养和吸收技术新人。企业应根据需要逐年吸收一些刚毕业的专业对口、学历相当的学生，并与此同时抓紧企业内部员工的培养工作，在提高员工队伍整体素质的同时，大幅度提高企业的学习力、强化学习型企业氛围。企业培养技术新人的形式可以多种多样，不必拘泥，譬如校企合作、选派进修、专家传授、建立培训基地等。

以摩托罗拉（MOTOROLA）公司为例。十年前创立于1928年的摩托罗拉公司一直是引领尖端技术和卓越典范的代表，因在无线和宽带通信领域的不断创新和领导地位而闻名世界，[15]是一家具有敏锐洞察力、拥有很多专利、“思维永远先人一步”的创新型企业。直到现在，摩托罗拉公司的品牌都具有深远的影响力[16]。摩托罗拉公司曾经在2007年达到最高营业收入，并拥有“世界财富百强企业之一”的称号，其人才吸纳与人才培育之道很值得其他企业借鉴。在人才吸纳方面，摩托罗拉公司遵守“精严把关＋以人为本”的战术原则，多渠道、全方位寻优、求优。为了吸纳出色新人，摩托罗拉公司设立了严格的招聘标准、建立了一整套规范的招聘体系，并应用“外部招聘与内部招聘并举”“校园招聘与社会招聘并行”的模式。在如何吸纳人才方面，摩托罗拉公司有一套独特的策略使公司在激烈的市场竞争中始终保持着人才优势，同时也使公司成为优秀人才的向往之地。在判断一个求职者是否适合摩托罗拉公司的需要时，它通常要在三个层面上进行考察。最初步的筛选是看个人的能力、专业知识、工作经验、思维方式是否能够达到公司的要求。第二步是看其对这份工作有没有兴趣。如果没有兴趣，那么他就会缺乏进取心，企业最需要的员工的创新精神也就无从谈起。筛选过程的最后一关也是最重要的一个环节是对应聘者个人品行和职业道德的考量。摩托罗拉公司非常注重员工的品行和职业道德。这是因为摩托罗拉非常强调团队精神，一个品行欠佳的人会影响到团队的凝聚力和战斗力，即便是他的个人能力再强，也不能弥补他对公司整体造成的损失。摩托罗拉公司的人事部某负责人说："你诚实吗？你自信吗？你是否具有努力向上的精神？你善于沟通吗？这些品质与能力是摩托罗拉对人才的基本要求。"

经过多年的实践，摩托罗拉公司发展出了一套完整的用人标准：

1）"诚实，自信，努力向上，善于沟通，专业与实践经验符合摩托罗拉公司所需"是摩托罗拉公司对新人的基本要求。

2）摩托罗拉公司高度重视应聘人员的"发展意识"，只有既善于发展自己又善于发展别人的应聘人员才有可能被录用。

3）参与应聘的应届毕业生是否具备良好的社会活动能力？社会活动能力欠缺者不宜录用。

4）应聘人才是否具备"再学习"的意愿，不愿"再学习"者不宜录用。

5）应聘人员是否具有团队精神？缺乏团队精神的应聘者不宜录用。

6）应聘者是否具备应变能力？是否能够适应环境变化？不善于应变、缺乏适应力的应聘者不宜录用。

7）应聘者如何看待变化的环境？不能"与时俱进"的应聘者不宜录用。

8）应聘者的英语水平如何？摩托罗拉公司要求新进员工具备优秀的英语听、说、写的能力，有能力与外国消费者沟通。

9）不同职位有不同的技能要求。

10）不歧视女性应聘者，"现在摩托罗拉性别多元化项目在中国已正式启动，其目标是实现管理层及高级技术职员的女性比例达到40%"。

11）遵守"公平应聘"原则。"对应聘者一视同仁是摩托罗拉的雇聘准则，他们在雇聘方面平等对待每一位应聘者，更力求人员多样化"。[17]

在人才培育方面，重视培训的摩托罗拉公司也有很多成功经验。摩托罗拉公司原总裁就曾告诫说："如果知识更新和淘汰的周期越来越短，我们就别无选择，只有在教育上投资。谁说这不会成为一个竞争武器呢？"

摩托罗拉的培训体系包括新员工入职培训、企业文化培训、部门培训、海外培训以及本地强化管理培训等。摩托罗拉的培训具有针对性、差异性的特点。所有的培训都是针对员工的弱项进行的，优秀的员工可以得到更多、更好的培训机会。

第一，所有新进员工都需要为期两天的"入职教育培训"。"入职教育培训"使新进员工对公司历史、公司发展历程、公司的规章制度、公司的福利政策、公司的文化特征等有必要的了解。

第二，为了使新进员工更快速融入摩托罗拉公司的企业文化环境中，新进员工还要进行为期三个月的“融合培训”。摩托罗拉公司充分利用了网络的宣传和“同化”作用，设置有专门的网站，使新进员工更方便了解公司、“融入”公司、逐步被公司文化“同化”。此外，摩托罗拉公司采取了“传、帮、带”战术，让老员工当“师父”带好新进员工，帮助新进员工答疑、解惑、“融入”、学习与熟悉业务。

第三，摩托罗拉公司对员工的培训时间有定量规定，以利于考核。例如，摩托罗拉公司原规定“每人每年至少要有40小时与工作相关的培训”，后来根据员工反馈和岗位考查，逐步采纳“因岗设学”的制度，针对不同岗位的特征确定具体的培训时间要求。较多岗位的员工被要求的培训时间高于40小时/每年，也有部分岗位员工的培训时间低于40小时/每年。摩托罗拉公司认为，“培训”的本质是对员工的投资，任何“培训”都是有目的的，“培训”的目的是“企业与人才的共同发展”。“培训”对于员工而言，既是义务，也是发展机会。优秀的员工会珍惜公司给予的每一次培训机会。作为一种区别性的投资，“培训”不能平均，业绩突出的优秀员工将得到更多、更优秀的培训。

第四，摩托罗拉公司设立了摩托罗拉大学。“作为全球性的组织，摩托罗拉大学在全球设有100多处分校，遍布全球24个国家，并被公认为全球企业大学中的佼佼者。中国作为摩托罗拉全球重要市场之一，同样设有实力雄厚的摩托罗拉大学，为提高员工技能，提升组织竞争力服务。通过采用摩托罗拉大学颇负盛名的教学管理模式，将扎实的学术理论与实际业务操作融为一体，使员工们掌握科学而系统的业务知识，提高竞争力，从而胜任不断变化的市场竞争的挑战”。

摩托罗拉公司还鼓励员工在技术和能力上有所发展，通过摩托罗拉大学和中国的高校向员工提供各类培训。在每年年初，摩托罗拉都会结合公司、事业部、部门的工作重点、发展方向及员工个人目标，制定出有针对性的公司的年度培训计划及员工个人发展计划。并跟踪培训与发展计划的落实，评估培训的质量与收益等。一般来说，公司每年为每位员工提供至少5天的在职培训，员工也可选择其他准许的方式完成培训。摩托罗拉会与当地的一些大学合作开始相关教育、培训项目，由公司出资，招生培训对象是摩托罗拉的员工，课程的编制也按摩托罗拉的时间表进行。摩托罗拉公司还开办了世界一流的职工技术培训中心，一些有培养前途的骨干还被送到国外深造，如美国亚利桑那州立大学、美国布法罗大学管理学院等。它还与我国香港理工大学管理学院、清华大学等高等院校合作为员工提供MBA及其他学历教育机会。近年来，摩托罗拉的培训体系也在持续不断、灵活调整与发展。此外，摩托罗拉公司还建立了完备的培训评估体系，员工可以参加多种类型的培训，也可以选择公司准许的某种变通方式完成培训要求，通过完备的培训体系，使员工不断提升创新能力。[17]

（3）切入点三：讲究领导艺术　领导是一门艺术，领导者在工作中应讲究方法和技巧。在企业自主技术创新实践中，优秀领导艺术的回报是学习型企业建设的事半功倍。

针对该切入点的战术实施，笔者有如下建议：

1）领导者组织而不强制。领导者是自主创新项目的组织者，但不应该是强制者。领导者应在鼓励自主创新、合理组织人力资源的基础上，对每项自主创新预期目标有清楚的认识，认清目标的可实现性和价值，并将该明确性传达给员工，使每一个自主创新项目的参与者都有自己明确的子目标，帮助他们实现自我管理。因为只有发自内心的追求，才能最大限度地激发员工工作和学习的动力。

2）领导者充当辅助者。领导者宜尽可能在学习条件方面为员工的自主创新提供方便，例如：方便资料借阅、新书投资、开设必要的培训班、外请专家讲座或咨询、提供先进的信息交流工具、提供舒适方便的工作和学习场所、提供先进的实验仪器和设备、创造信息交流机会、定期开展创新成果讨论会、提供必要的休闲设施帮助员工劳逸结合等。

3）领导者充当激励者。人都有惰性，常常惰性战胜了自觉性，工作和学习就会被延误。领导者应承担起激励者的责任，建立健全激励机制，努力实现“上下同意”，把持续学习的精神融入到团队每位成员的思想观念、工作态度乃至生活习惯之中，化挫折为动力，变惰性为活性。

4）领导者充当质疑和引导者。在“以人为本”，尊重员工个性化的学习方法、学习风格、创新观点的前提下，领导者应保留宏观调控的权力，把握自主创新项目的发展方向，适时引导项目之舟避开触礁之险。一旦发现有不当的学习或工作态度和方法，应及时提出质疑，避免错误蔓延扩大。

4.5.2 培育精柔型员工

世界级成功管理者、美国通用电气公司（General Electric Company，简称GE）的首席执行官（CEO）杰克·韦尔奇（Jack Welch）指出：“只有意志坚定的人，才有资格谈诸如‘卓越’‘学习型组织’等软价值。”[18]除了意志坚定，美国通用电气公司还要求员工具备“柔性求新”的素质，能够根据环境变化快速应变，并能够捕捉到创新灵感，将创新灵感付诸行为、转化为领先的产品和服务[19]。和美国通用电气公司一样，可以说，几乎所有现代企业都需要既意志坚定、精益求精，又能快速应变、柔性求新的员工。

1. 提出“精柔型员工”

首先，建议企业培育精柔型管理者。管理者创新力是管理者运用创造型思维，通过对组织要素资源进行有效的内在变革和整合优化，从而提升组织内在素质、壮大组织核心竞争力、提升组织竞争优势的综合素质和能力的总和[20]。根据1897年意大利经济学家帕累托在对19世纪英国社会各阶层的财富和收益统计分析时发现的“二八定律”，在一个组织中起80%重要作用的是20%的“带头人”。企业或创新团队管理者都应该严格自我要求，成为企业或创新团队中能够起到80%作用的“带头人”。

那么，普通员工对于提升企业及其团队的创新力重要吗？答案是肯定的。尽管“兵熊一个，将熊一窝”的观念有些“深入人心”。然而，只有管理者努力的企业或创新团队是不可能取得卓越业绩的。管理者犹如“火车头”，普通员工犹如“火车的车厢”，“火车头”与“车厢”应该“强强联合”。“把传统的火车头理念和先进的动车组理念结合起来，既注重“火车头”的引领作用，也不弱视各“车厢”的互动功能，全力以赴为创新工作室配备最佳的工作团队，发挥广大高技能人才的互动效能，实现强强联合，‘1+1大于2’的群众经济创新活动的新优势。”[7]这是浙江杭州钢铁集团公司提升创新力的成功经验。

总之，笔者在本书建议企业培育精柔型员工。任何大规模定制（MC）模式企业及其创新团队都是员工个体的集合。员工素质、员工创新力极大影响大规模定制（MC）模式企业及其创新团队的创新力和创新质量。企业员工，既包括企业中的普通员工，也包括企业中的各级管理者和团队领导者。

那么，什么是“精柔型员工”？精柔型员工有什么基本特征？精柔型员工有什么优势？

所谓精柔型员工，是指习惯应用“柔性+精细”思维，具备自觉精益求精、灵活应用科学方法解决问题、多角度消除浪费、以人为本、目标明确且动态“拉动”流程等言行特征的员工。每个员工的思维都有其个性特征，即思维品质。精柔型员工具有“柔+精”的思维品质。“柔”思维品质具有较强的思维灵活性、突破性、敏捷性、辨证性、批判性；“精”思维品质具有较强的思维深刻性、系统性、专业性、原则性、坚定性；“柔+精”思维品质，是灵活性、突破性、敏捷性、辨证性、批判性、深刻性、系统性、专业性、原则性、坚定性思维特征的整合，是创新型员工必备的思维品质。因此，精柔型员工可以在企业或创新团队中发挥重要的作用，助力企业或创新团队充分发挥创造力、持续提升综合创新能力、适应环境并实现目标。精柔型员工的特点和优势归纳见表4-8和表4-9。笔者在本书中提出的“精柔型员工”概念，是于2012年提出的“精柔人”概念的衍生[2,3]。

表4-8 精柔型员工的特点

精益求精	精柔型员工具有精益求精精神，有理想并敢于追求理想，坚定严谨，认真自律，行事有计划，自控力强，勤奋上进，知难而进、锲而不舍，持续改善，执着追求“更完善”
灵活应用科学方法	精柔型员工常用“发散式”思维，思路开阔、才思敏捷，“新点子”多；善于学习各种科学理论与方法，也善于发现各种科学理论、方法的“长处”和优势，通过取长补短、科学整合与创新，以“精+柔”的方式解决难题
多维消除浪费	精柔型员工敌视所有浪费，能灵活应用各种科学方法从多角度消除学习、工作、生活中的各种浪费，能从消除各种浪费中获得成就感、自信和快乐
以人为本	精柔型员工是以人为本、亲和力强、尊重下属、温和而坚韧、善于激发下属工作积极性与创造力的“人本型”员工
目标明确且动态拉动流程	精柔型员工有明确的目标，重视工作的成效与结果，努力实现目标。同时，精柔型员工也重视工作的过程，主张让工作过程或流程紧密围绕工作目标，即让“目标拉动过程”或“目标拉动流程”。精柔型员工认为对实现目标没有帮助的“过程/流程”或“过程/流程中的任何一个环节”都是“浪费”；而所有浪费都应当被想方设法消除掉

表4-9 精柔型员工的优势

精柔型员工的优势	优势分析
精柔兼备	精柔型员工是既柔性求新又精益求精的员工。与“只精不柔”的员工相比较，精柔型员工更亲和、思路更开阔、突破力更强、适应性更强、更善于学习和整合、突破和创新力更强；与“只柔不精”的员工相比较，精柔型员工更有原则、更精进、更精细、更坚定、更严谨、具备更强的“除浪费”“提质量”“争效率”的能力。新经济时代格外需要“精柔兼备”的精柔型员工
思维逻辑清晰、客观、与时俱进	精柔型员工是“与时俱进”的员工，思路清晰，逻辑分析力强，实事求是，脚踏实地，眼光较开阔、长远，认为任何事物都不是静止不动的，而是动态发展变化的。精柔型员工在科学理论和方法辅助下，面对客观、多变化的环境，能不断调整思路，具备在持续完善中寻求突破思维能力。精柔型员工“与时俱进”的思维逻辑，使精柔型员工能够客观、动态地观察环境、分析变化、做出客观的判断，不断发现陈旧、突破陈旧、自我超越、持续改善，追求“与时俱进”的优质创新
精柔型员工系统是创新型系统	精柔型员工的可贵之处并不是可以从外界吸收到异于常人的知识、信息和物质资源，而是他们一方面能够自觉、自发精益求精，在既定的理想目标拉动下，执着地应用科学理论和工具，认真对待看似普通的知识和信息，富有探索精神、勇敢创新、不畏艰辛、勇往直前，充分挖掘知识和信息的价值；另一方面能自觉克服思维定势，以超于常人的开阔思路，柔性地、突破性地、动态地、新颖独到地加工各种原本普通的知识、信息和物质资源，形成不普通的、科学的、新颖独到的知识、信息、产品、服务等创新性成果输出，如图4-10所示

（续）

精柔型员工的优势	优 势 分 析
精柔型员工的个人系统在循环中不断完善	精柔型员工系统是一个持续完善的系统。输入子系统、加工子系统、输出子系统、反馈子系统，构建成一个良性循环体系。精益求精的精柔型员工系统总是处于"好了还要更好"的"不知足"状态，不断从外界学习新知识、接收新信息，不断对各种新知识和新信息进行"柔性求新"的加工，形成成果输出后又从外界继续接受信息反馈和新知识，再加工、再输出新成果。如此，整个系统在循环中不断提升、不断完善，如图 4-11 所示

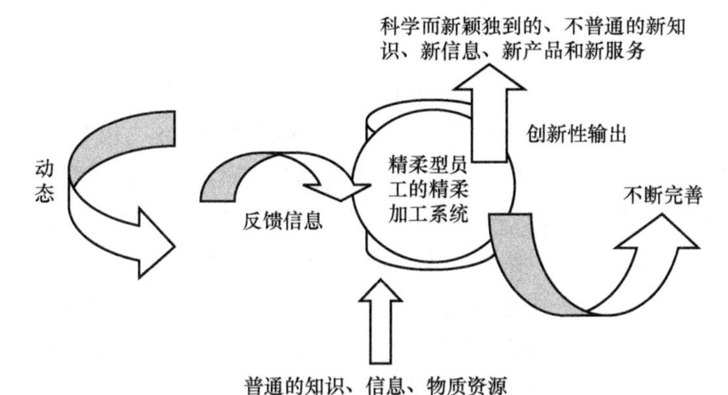

图 4-10　精柔型员工系统是创新型系统

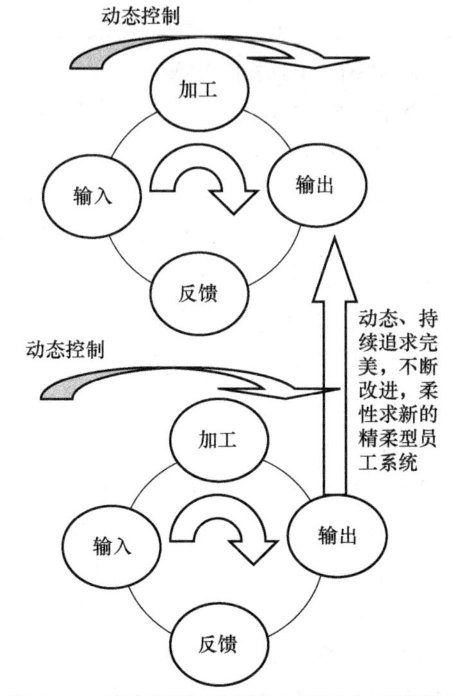

图 4-11　精柔型员工系统在循环中不断完善

2. 培育精柔型员工：以宝钢集团广东韶关钢铁公司为例

企业如何培育精柔型员工？这是一个比较柔性的问题，适合采用“案例型答案”。据公开的资料显示，“近年来，宝钢集团广东韶关钢铁有限公司（以下简称韶钢）通过搭建职工自主创新平台，有效推进了‘最佳实践者’‘员工自主管理’等活动，增强自主型员工队伍建设，取得了显著的管理效益、经济效益，涌现出一大批自主型、创新型员工，实现了企业与员工共同发展。”[21] 基于精柔型企业文化理念，借鉴宝钢集团广东韶关钢铁有限公司的成功经验，为企业培育精柔型员工提出如下战术建议：

1）促进员工追求“最佳”，培育员工的“精益求精”精神。精柔型员工是精益求精的员工，也是“永远追求最佳的员工”。从2011年始，宝钢集团广东韶关钢铁有限公司借鉴宝钢集团经验，在全体职工中推出“最佳实践者”活动。“最佳实践者”活动以“对标找差、持续改进”为目标，要求员工“今天比昨天干得好，自己比别人干得好”，促进员工“人人争当最佳”。在企业各级管理者与广大员工的拥护下，“最佳实践者”的理念逐渐深入人心。仅在一年时间里，宝钢集团广东韶关钢铁有限公司就取得“硕果”，包括767人次的基层最佳实践者、389人次二级单元层级最佳实践者、13个公司级“最佳实践者”团队。最让人振奋的是：一年，基层员工创造的“最佳实践”可为企业降本增效超过亿元！在此基础上，宝钢集团广东韶关钢铁有限公司“乘胜追击”，颁行了《韶钢职工创新工作组织实施办法》，并进一步推动“最佳实践者”活动的“深化”和“团队化”，培育“精益求精”的员工团队。

2）创建职工创新工作室，培育员工“精柔协同”的创新能力。一个创新型员工的创新能力有限。若干个创新型员工“抱成团”协同合作，创新能力可以成倍增长。“集体的智慧”和“团队的创造力”给宝钢集团广东韶关钢铁有限公司带来了更大成功。2013年4月7日，宝钢集团广东韶关钢铁有限公司成立了第一个“职工创新工作室”，即炼钢厂“刘志明创新工作室”。仅2013年，“刘志明创新工作室”就完成9个创新课题、3个公司级科研项目，获得5项公司级以上的科技成果，还申报了20件专利、10件授权，产生的效益合计约500余万元。同年5月，设备管理部“郑建忠创新工作室”也成立了，引导职工从“要我创新”向“我要创新”转化。原先，企业主要靠“专家创新”；现在，不少“精柔相融”的员工与专家协作创新。“郑建忠创新工作室”只用了短短半年多就取得硕果：获得3项公司知识产权，2项公司科学技术奖，7篇公司优秀科技论文，还申请专利2项、申报12项公司级科技成果等。到2013年12月底，宝钢集团广东韶关钢铁有限公司工会规范组建了5个具有“创新火车头”作用的公司级“职工创新工作室”，为公司带来80多项促进企业降本增效的技术创新项目，75项已经完成或正在实施的创新项目。此外，基层工会还组建了98个

“职工创新小组”。员工在这些既柔性求新又精益求精的“创新工作室”或“创新小组”中得到锻炼和熏陶，不断强化“精柔协同”的创新能力，推进企业的创新发展。

3）精柔目标激励，促进员工自我管理、自发精益求精、自发柔性求新。宝钢集团广东韶关钢铁有限公司给员工设立了明确的目标——解决现场问题，构建了精柔目标激励的应用环境。同时，该公司以“最佳实践者”活动引导、激发员工“追求更好”的潜在需求，进而促使员工产生“追求更好”的行为动机。在这种情况下，宝钢集团广东韶关钢铁有限公司的管理者再“推波助澜”，营造出“以人为本”“促人上进”的企业氛围，并以“支持的态度”“赞许的目光”“鼓励的制度”帮助员工克服了“追求更好”的怯弱心理、排除了阻碍员工进步的障碍，最终促成员工“追求更好”“勇敢追求目标”的真实行为。于是，成功的精柔目标激励在宝钢集团广东韶关钢铁有限公司中实现了。而且，员工“追求更好”的行为会“互相传染”，张三“追求更好”，可以带动李四也“追求更好”，员工们逐渐展开了一种“竞赛”，日复一日，带动企业“上进”。员工“追求更好”的行为也会进入一种“自发良性循环”状态，一次“追求更好”的成功可以给员工带来自信和下一次“追求更好”的自发行为，如此，自然形成良性循环。宝钢集团广东韶关钢铁有限公司实施的精柔目标激励不仅促进了员工自我管理，也营造了“持续追求更好，好了还要更好，创新改进无止境”的企业文化氛围，促进员工自发精益求精。为了更好和持续改进，员工必须以开阔的思路、动态应变的眼光努力发现现场问题、思考现场问题、突破瓶颈、力求以创新的方式解决现场问题，于是，员工自发柔性求新[21]。

4.5.3　让合适的人做合适的工作

构建学习型组织，为企业拥有“促学习”和“促上进”的人才培育氛围提供了组织保障；培育精柔型员工，使企业的工作具体化到对员工个人素质的培育，这是企业构建精柔型创新团队的必由之路。除此之外，我们还要强调“让合适的人做合适的工作”，使每位员工的才能可以在企业中得到充分应用，即做到“人尽其才”，这也是企业构建精柔型创新团队、避免人才浪费的关键之点。

仍以美国通用电气公司为例。创立于1982年的美国通用电气公司曾被称为“世界上最受尊敬的公司”，是世界级的电器和电子设备制造公司，是一家“涵盖消费类电器、工业电器设备、军工生产、宇宙航空仪表、喷气飞机引航导航系统、多弹头弹道导弹系统、雷达、宇宙飞行、核电等众多行业的大型跨国公司”[22]。美国通用电气公司的业务遍及世界上100多个国家。在2017年6月7日发布的2017年《财富》美国500强排行榜中，排名第13位；在2017年6月公布的《2017年BrandZ最具价值全球品牌100强》中，美国通用电气公司排名第19位；在2018年12月18日揭晓的世界品牌实验室编制的《2018世界品牌500强》中，美国通用电气公司排名第14位。[19]那么，美国通用电气公司成功的“秘诀”是什么呢？杰克·韦尔奇（Jack Welch）给出了明确而充满智慧的答案。当被问及“请您用一句话说出通用电气公司成功的最重要原因”时，杰克·韦尔奇回答：“是用人的成功。”当被问及“请您用一句话概括高层管理者最重要的职责”时，杰克·韦尔奇回答：“是把世界各地最优秀的人才招揽到自己的身边。”当被问及“请您用一句话概括自己最主要的工作”时，杰克·韦尔奇回答：“是把50%以上的工作时间花在选人用人上。”当被问及“请您用一句话说出自己最大的兴趣”时，杰克·韦尔奇回答：“发现、使用、爱护、培养人才。”当被问及“请您用一句话说出自己为公司做出的最有价值的一件事”时，杰克·韦尔奇回答：“是在退休前选定了自己的接班人——伊梅尔特。”当被问及“请您总结一个重要的用人规律”时，杰克·韦尔奇回答：“一般地说，在一个组织中，有20%的人是最好的，70%的人是中间状态的，10%的人是最差的。这是一个动态曲线。一个善于用人的领导者，必须随时掌握20%和10%的人的姓名和职位，以便实施准确的奖惩措施，进而带动中间状态的70%。这个用人规律，我称之为‘活力曲线’。”当被问及“请您用一句话概括自己的领导艺术”时，杰克·韦尔奇回答：“让合适的人做合适的工作。”[23]从杰克·韦尔奇的“智慧之言”中，我们可见美国通用电气公司的成功要归因于“人的作用”，归因于优秀的企业管理者“让合适的人做合适的工作”。

4.6 本章小结

新经济时代的企业既需要精柔战略，也需要精柔战术。本章基于精柔型企业文化，创新提出“精柔战术”的概念，建议大规模定制（MC）模式企业应用精柔激励战术、精柔流程战术、精柔方法战术、精柔团队战术，并引用宝钢集团广东韶关钢铁公司为例，为企业培育精柔型员工提出战术建议。这些建议有利于大规模定制（MC）模式企业提升自主创新能力与持续竞争力。

参考文献

[1] 肖天明．以“精柔型”企业文化提升企业员工自主创新力［J］．重庆科技学院学报（社会科学版），2016（11）：63-66.

[2] 肖天明．精柔思维与精柔管理——面向新经济时代的思维创新与科学管理［M］．北京：中国经济出版社．2012.

[3] 肖天明．精柔型企业文化与企业技术创新的互动研究［J］．科技进步与对策，2012

(19)：72-75.
[4] 百度百科．战略 [EB/OL]．[2019-05-06]．https：//baike.baidu.com/item/%E6%88%98%E7%95%A5/1210606.
[5] 百度百科．战术 [EB/OL]．[2019-05-06]．https：//baike.baidu.com/item/%E6%88%98%E6%9C%AF/90326? fr=aladdin.
[6] 方明义，孙应军，马辉．提升员工自主创新力的有效措施探讨 [J]．企业改革与管理，2018 (6)：81-93.
[7] 董世梅．集群众经济技术创新合力 展员工自主创新风采 杭钢“高技能人才创新工作室”有效提升创新绩效 [J]．工会信息，2013 (7)：30-31.
[8] 董世梅．杭钢推广一线员工先进操作法 [J]．工会信息，2013 (6)：47.
[9] 朱冬林．浅析知识经济时代管理创新的发展趋势 [J]．工业技术经济，2004 (4)：18-19.
[10] 朱冬林．知识经济时代的企业文化创新 [J]．现代管理科学，2004 (2)：111-112.
[11] 魏江，叶波．企业集群的创新集成：集群学习与挤压效应 [J]．中国软科学，2002 (12)：39-43.
[12] 魏江，叶波．企业集群中的技术学习分工和知识流动 [J]．科学学与科学技术管理，2002 (9)：93-96.
[13] 肖天明，刘元芳．企业技术创新实践与学习型企业文化建设 [J]．福建工程学院学报，2005 (2)：155-157.
[14] 刘国新，衣娟．关于企业员工技术创新激励机制的研究 [J]．科技与管理，2004 (3)：132-134.
[15] 百度文库．摩托罗拉案例 [Z]．(2014-12-01) [2019-05-06]．https：//wenku.baidu.com/view/851483467375a417866f8f88.html.
[16] 李肖双．联想并购摩托罗拉的案例研究 [J]．纳税，2018 (7)：192.
[17] 百度知道．案例分析摩托罗拉的成功之道 [Z]．(2016-08-12) [2019-05-06]．https：//zhidao.baidu.com/question/55558813.html.
[18] 王国平．东西方文化差异与企业发展——以通用电器、苹果公司、松下电器、三星集团及国内有关企业为例 [J]．上海市经济管理干部学院学报，2012 (1)：1-7.
[19] 百度百科．通用电气公司 [Z]．[2019-05-06]．https：//baike.baidu.com/item/%E9%80%9A%E7%94%A8%E7%94%B5%E6%B0%94%E5%85%AC%E5%8F%B8/1552803? fr=aladdin.
[20] 邱建武．谈国有企业领导者的创新力 [J]．河北企业，2010 (10)：6-7.
[21] 何小玲．搭建自主创新平台搭建自主创新平台实现企业与员工共同发展 [J]．冶金企业文化，2014 (5)：60-61.
[22] 赵伟．略论美国通用电器公司 (GE) 管理方式及现代企业管理新趋势 [J]．现代农业，2008 (4)：104-105.
[23] 蒋光宇．让合适的人做合适的工作 [J]．经营与管理，2014 (11)：159.

第 5 章

MC 模式企业构建精柔型企业文化

世界著名的管理大师杰克·韦尔奇讲过这样一句话："资产重组可以一时提高公司的生产力，但若没有文化上的改变，则无法维持企业高速发展的战略主动。"努力通过挂标示牌、"喊口号"等方式提倡自主创新，不如努力营造、培育一种有利于企业全员创新的企业文化有效。一旦优秀的精柔型企业文化在企业扎根，即使新进的员工也能很快就被弥漫于整个企业的"精益求精 + 柔性求新"的创新型文化氛围所感染，变得既追求上进、高度求精又思路开阔、敢于突破和创新。大规模定制（MC）模式企业应该是具备"柔性 + 精细"优势的现代企业，更应该构建精柔型企业文化。在企业调研、访谈中发现，有些大规模定制（MC）模式企业负责人对企业文化持含糊的概念，甚至有些"随遇而安""顺其自然"。例如，某受访企业负责人告诉笔者，他们的企业文化是模糊不清的。在企业管理中，这种对企业文化类型"无所谓""不清晰"的态度是不正确的。从企业大局出发，现代大规模定制（MC）模式企业必须构建精柔型企业文化，这个过程也必然是循序渐进的（图 5-1）。

如图 5-1 所示，大规模定制（MC）模式企业在构建精柔型企业文化过程中，理论学习、管理层与制度督促、实践应用必须"三管齐下"，缺一不可。构建精柔型企业文化的过程虽然复杂，但抓住三个关键点可以"事半功倍"。这三个关键点是：

1）促进全体员工学习。柔性理论与精益理论是所有员工的必修课程。培训柔性思维，构建柔性理念，冲击传统的刚性思维与刚性理念；培训以"精益求精"为精神基础的精益思维与精益理念，冲击传统的粗放思维与粗放理念。学习"柔性 + 精益"思维的内涵和优势，培训"柔性 + 精益"思维。

2）企业管理层大力推进，健全相关制度，逐步形成"柔性 + 精益"的理念环境、制度环境、行为环境和物质环境，促使广大员工从"被动精柔"到"主动精柔"，以"柔性求新 + 精益求精"精神推进"柔性 + 精益"理念的普及化与规则化。

3）将"柔性 + 精益"理念应用到企业的各项实践中去，将"精柔相融、精柔相生"的"无形规则"植入企业的各项实践工作中，使企业实践的精柔化与企业文化的精柔化互相促进，形成良性循环。

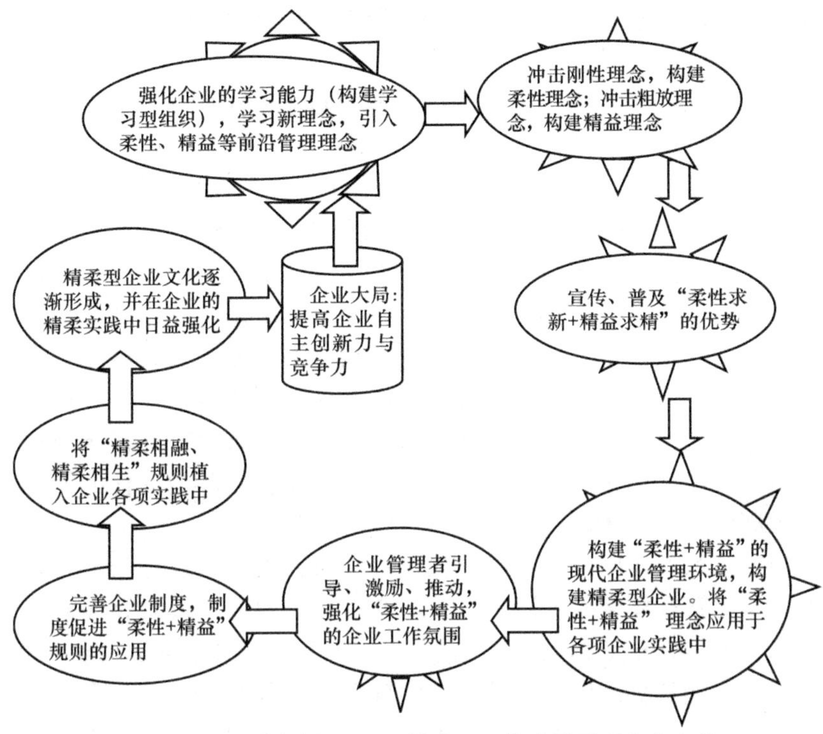

图5-1 大规模定制（MC）模式企业构建精柔型企业文化

5.1 完善组织基础

精柔型的大规模定制（MC）模式企业特别需要精柔型的企业文化环境和精柔型的组织结构，而精柔型的企业组织结构是大规模定制（MC）模式企业完成企业使命、构建精柔型企业文化必不可少的组织保障。建议大规模定制（MC）模式企业构建“精简+柔动”的企业组织。否则，如果大规模定制（MC）模式企业不能拥有“精简+柔动”的企业组织结构，其适应“新经济”环境的能力、满足消费者需求的能力、实现企业使命的能力就会受到较严重的负面影响，难以持续生存与发展。因此，不论规模大小，大规模定制（MC）模式企业组织结构必须具备“精简+柔动”的特征，此“精”是精干，有行动力，能精益求精地完成组织任务的意思；“简”是按需设岗，不重复设置组织功能，简捷高效的意思；“柔”是敢于突破陈旧的组织体制，根据环境采用最适宜的组织形式，人性化，多样化，适应性强的意思；“动”是根据环境变化适时调适的意思。

5.1.1 构建精柔型企业组织

在Flat Management（扁平化管理）、Team Work（团队工作）等现代组织管理理论和现代信息技术辅助下，构建既精干简捷又灵活善适、“精简 + 柔动”的企业组织结构是完全可行的。

传统“金字塔”型组织结构往往使企业有过多的中间管理层，信息、指令和下级向上级的反馈通常得通过长长的“等级链”缓慢地“下达上传”，许多重要信息、指令和反馈就在这个漫长的传达过程中“失真”“走样”了，引发可怕的决策失误。传统组织就像一条长长的龙，面对外界变化，“龙头”感受到危险而希望改变活动方向，可无奈它的“身子”太长了，信息、指令、反馈传递得又太慢，“龙头”的改变很难带动整条龙的改变，这条“龙”实在是太不灵活了，在这多变而危险的世界面临重重生存危机。为了改变这种状态，提高企业组织的灵动性与工作效率，建议大规模定制（MC）模式企业采用“扁平化”的企业组织结构，即去除中间管理层的“承上启下”，简化信息和指令的传递途径，减少组织层次，加快信息传递速度，提高企业应对环境变化的能力和适应性，强化大规模定制（MC）模式企业灵动求精的特长。

根据传统组织设计原则，在组织规模一定时，组织层次是与组织管理幅度成反比的。组织管理幅度就是指一名管理者直接管理的下级人数（假设以 n 表示）。法国管理学家 V. A. Graicunas 给出的公式“$N=n(2^{n-1}+n-1)$（N 表示管理的复杂程度”使我们能以量化的方式明确管理工作复杂程度与管理幅度的关系。通过应用该公式，我们可知当管理幅度超过 7 人时，管理者工作复杂程度就会出现跳跃性大幅度提升，这会使能力处于平均水平的管理者力不从心、降低管理效果。但如果管理幅度太小，在组织规模不变的情况下，又会使组织层次太多，组织无法实现“扁平化”，降低组织的灵活性、适应性与运行效率。应用 V. A. Graicunas 公式可得到“最适中的管理幅度是 6 ~ 7 人”的结论，即 $n=6$ 或 7 时可以得到最适中的管理工作复杂度。一般企业组织中，越高层级的管理越复杂、无统一的业绩衡量标准、不确定因素更多，需要减少管理幅度；而基层管理可以设定统一的业绩衡量标准、不确定因素相对较少，可以适当增大管理幅度，但也不能增大太多，否则会使管理者面临超过其工作能力的过分复杂的人际关系，导致管理工作效率与效果受到负面影响。大规模定制（MC）模式企业要去除中间管理层、实现“扁平化”组织结构，会不会面临管理幅度太大的危险？会不会因此失去中间管理者的专业指导？面对这个难题，我们可以根据每个大规模定制（MC）企业特点及其环境特征，柔性应用精益理论中的“团队工作方式（又称为小组工作方式）”来解决。团队工作方式打破了传统以专业分工为重要特征的组织工作方式，而是组建由若干人组成的工作小组并使小组成员互相协调共同完成某项组织功能的工作方式。每个大规模定制（MC）模式企业都可活用“团队工作方式”，其功能小组被高度授权，不需要企业中间管理层的“中介”作用，组织层次少，组织结构实现扁平化而具备高度柔性。为了完成共同目标，团队内部多专业的密切协作也解决了传统组织部门分工而分立、工作流难以连续、严重浪费的弊端。詹姆斯 P·沃麦克教授等[1]曾经以传统自行车设计、生产为例来说明传统组织部门分立的弊端：营销部门定出一个“要求”，然后产品工程师设计一个符合要求的产品，样车部门制造一辆样车来试验设计结果，工装部门为已批准的样车设计大量生产的工装，制造部门的生产工程组解决如何使用这些工装制造车架，设计好后采购部门安排把采购来的零部件送到组装车间。部门分隔、各部门“自扫门前雪”，造成部门和部门之间沟通少且互不负责，负责上道工序的部门让下道工序的负责部门等待，下道工序的负责部门又让负责再下道工序的部门等待，“大批量”的准备又增加了等待时间。而且负责前面工序的人员并不认为自己也应该对最终成果质量负责，只管完成了往后推，后面工序的人员在工作中发现问题再找前面的部门要求返工，然后又增加了等待时间和额外成本。部门间工作存在大量的等待、大量的“返工”、大量的“逆流工作”等造成的巨大浪费。而在组织结构“扁平化管理（Flat Management）”“团队工作（Team Work）方式”等现代组织管理理论和现代信息技术辅助下，通过建立面向目标的、可能由多专业人员构成的、具有完成企业某项功能所需全部技能的团队，使各专业紧密协作，保证工作流持续连续，可实现扁平化的、高精度、高简度、高柔性、能动态调适的大规模定制（MC）模式企业的精柔型企业组织结构[2]。

在为大规模定制（MC）模式企业设计精柔型组织及其团队设计中，要开拓思路，敢于突破某种特定模式的约束。只要能以最低的消耗最好地实现团队目标，管理者完全可以突破现有的各种团队形式而应用自己科学的创新智慧构建最适合于特定情境的团队结构。但不管采用何种形式的团队结构，每个团队的任务和目标都是由客户需求和组织目标决定的，每个团队的任务和目标又决定了团队结构及其成员组成。大规模定制（MC）模式企业常用的团队功能结构形式有如：为某专业或某特定的工作，通过优化组合，形成的专业团队、专项工作团队，通常采用横向的功能结构形式，每个团队成员在团队中是平等的，没有地位区别，只有技能和专长区别，团队任务和目标根据团队成员的技能和专长被合理分解到每一个团队成员身上，每个团队成员担负相应责任的同时，也有自行计划和管控、自行安排进度、协调轮休、以新的适用于自己的工作方式工作等权力；团队调适力很强，团队工作方式不受“框框”限制，团队成员以开阔的思路科学面对团队任务和个人任务，每个团队成员都有在个人任务拉动下充分发挥个人聪明才智的权力，团队创新力很强，大多数团队成员能在工作中感到成就感和自我实现，并受到最佳激励。又如，为了高质高效地完成某具有较大难度的一次性创新项目，企业通常会专门为该项目组建矩阵型的团队功能结构，团队内成员由项目所需的各专业人才构成，其成员通常从组织中的专业团队抽调出来，必要时还需要外聘专家或从外单位借调技术人员，组成战斗力强、目的性十分明确、效率很高的攻坚型团队，使不同专业、不同团队、不同部门、甚至不同单位的人因为共同的目标汇集到一个团队，既加强不同专业人才的沟通和协作，又有利于人才资源的充分利用，提高工作效率。“柔性求新+精益求精”的优势在团队突破难关的过程中被淋漓尽致地发挥出来，精益求精的精神互相感染和再提升，团队成员以柔性思维互相启发、思维互相碰撞、不时产生突破性的灵感火花。这种完全为攻克某确定项目而建立的团队将随项目的圆满完成而解散，相关人员回到原来的岗位或再分配到其他“有用武之地”的团队中。但即使解散，团队成员在其中锻炼而形成的精神和能力也可以被很好地利用于下一次团队组合和下一个项目攻坚。此外，一些更加柔性的企业在组织结构上并不设置固定的专业团队，在实际运营中根据临时任务或为解决临时问题组建完全以任务和问题为导向的工作团队，团队结构和团队成员构成依据具体问题而确定，十分灵活。多个功能优势互促或互补的团队也可以组建成团队联盟，形成动态网络型的团队联盟结构，通过这种动态结盟，可以使小团队借助外力完成大任务，而且可以较灵活地根据团队目标调整合作伙伴，有很强的适应性。

潘盛国等[3]指出柔性组织结构实际上是一种“混合”的组织形式。该说法突出了柔性组织的“不拘一格”，并不需要拘泥于某种传统的或者固有的模式。每个大规模定制（MC）模式企业可根据本企业具体情况和内外环境的客观需要设置既柔性又精简的企业组织结构，其规模可大可小[4]。

有些大规模定制（MC）模式企业的规模很小，只保留其核心业务，而把大量非核心业务外包给其他独立的专业公司，形成动态网络型组织结构；有些大规模定制（MC）模式企业的规模大，形成跨国经营的企业集团，如海尔集团，宜采用事业部制组织结构形式。

5.1.2 构建精柔型研发机构

大规模定制（MC）模式企业目标各异，使它们应该具备的功能也各异。为了提高大规模定制（MC）模式企业的创新力，建议根据企业规模、目标等实际情况设置多形式、高水平的研发机构。这些研发机构与其母企业一样以“柔性求新+精益求精”理念为主导，称为精柔型研发机构。无论是精柔型企业组织结构设计，还是其下属的精柔型研发机构组织结构设计，都应在既定目标和组织功能的拉动下柔性、系统地考虑组织框架和具体岗位设置。基于“柔性+精简”的原则，既要在全面分析企业所处的客观环境、实现组织目标需要哪些组织功能后，按科学程序和原则循序渐进实施组织设计，参考现代企业常用的动态网络型、矩阵型、事业部制、直线职能制等组织结构形式的框架，全面考虑现代企业常用的各种组织结构形式的优点和缺点，又要在本企业特定客观环境下，在本企业具体总目标和总需求、分目标和分部需求的拉动下，基于对各种组织结构形式优缺点的全面考量，以开阔灵动的思路，科学整合和创新，柔性应用“组织结构扁平化”理论、“团队工作方式”理论，尽可能减少中间管理层，以任务需要为准设置基层团队，每个团队人数通常为几人到十几人，每个团队对企业或其研发机构都有特定的贡献，而团队中的每个成员对实现团队目标都有特定的贡献。组织设计中要严谨分析组织细节功能，精益求精地修改和完善，删除所有重复和多余功能设置，不遗漏任何必要的组织功能设置，根据组织实力考虑把某些非核心业务外包给其他组织，建立各环节快速通畅的联系，保证组织信息流、物流、生产线、供应链、管理链等的准时高效，形成精干高效、不拘一格、经济节约、能更好帮助大规模定制（MC）模式企业及其研发机构实现目标的组织结构形式。组织结构设计好之后，组织开始运作，组织运作的全过程都要受到客户需求、政治政策、经济状况、文化风俗、科技程度、法律法规、竞争对手状况等外界环境的影响，组织不时会遇到新的难题，要以“开阔思路科学解题”原则为指导适时采取科学的组织变革措施，形成组织结构、组织功能、组织运行和外部环境的默契互动（图 5-2）。

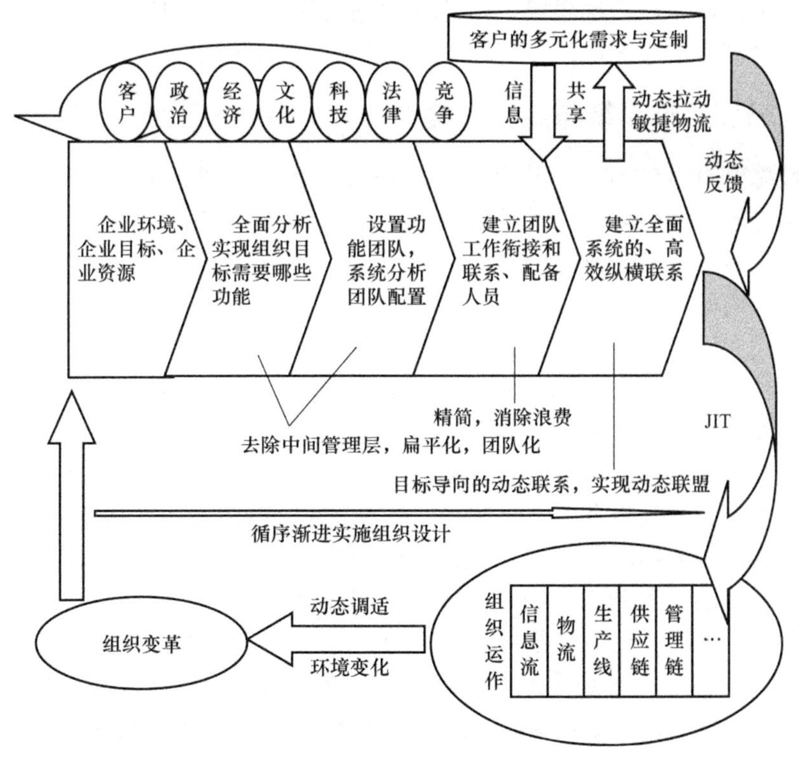

图 5-2　大规模定制（MC）模式企业构建精柔型研发机构

5.2 促进全体员工学习

所有企业构建先进企业文化都需要经历“学习先进理念——冲击陈旧理念——接受先进理念——内化先进理念”的过程，这个过程的本质是“去旧立新”的学习过程。构建学习型组织是构建先进企业文化的基础，若不学习，企业谈何“适应新时代”？谈何“与时俱进地创新”？谈何“建立促进发展的文化氛围”？随着信息革命、知识经济时代进程的加快，许多企业都把创建学习型组织作为企业文化建设的一项重要内容[5,6]。

现实中已经有很多大规模定制（MC）模式企业已成功建成学习型组织。这些企业有规律的学习时间、有严格的学习制度、有规范的学习评价与考核方法，有的企业还成立了企业内部大学。这些学习型企业浓郁的学习氛围都对企业文化起到良性影响。然而，也有为数不少的大规模定制（MC）模式企业尚未形成学习型组织，建议这些企业尽快采取措施建设学习型氛围与学习习惯。若企业无条件建立内部大学等专门的学习机构，至少应要求各部门根据实际情况每周设定一个固定学习时间，推进本部门员工学习先进理论、前沿思维等，应将柔性思维、柔性理念、精柔思维、精益理念确定为每位员工必须学习的内容，这些必学内容需要进行考核，考核成绩关系到员工切身利益。

5.2.1 培训柔性思维与柔性理念

柔性思维自古就有，只是最初以未被管理界充分重视的不系统状态存在，如在我国老子《道德经》中就蕴涵着“以人为本”“柔虚”等柔性思维特征[7]。柔性思维在企业运营管理、企业员工应对多变的消费者需求、企业持续求新等方面具有突出的贡献。

以现代中国词典为据，“柔性”可以解释为“软”和“容易改变”[8]，具有较强的弹性、可塑性与“随时境应变”的特性。“至柔如水”，柔性思维具有“水性”，如水一般具有强大的兼容性，可以与其他理念完全相融、互相渗透、有机整合。水在平面“铺开”时，会呈现“发散状”“四面八方”的流动现象，柔性思维也擅长“发散状”“全方位”“多角度”的思考；水盛于各种容器中，其形状就会根据容器改变，柔性思维也如水般“无常形”，根据客观环境变化而变化；水在流动中遇到障碍物时，通常也能从其他途径顺利通过，柔性思维在遇到障碍或矛盾时，也能“绕道而行”而出奇制胜。水是单纯的，也是复杂的，“滴水穿石”，水的力量是强大的；而柔性思维也是既单纯又复杂，其思维结构可以呈现十分复杂的动态网络状、多维立体状，“以柔克刚”的柔性思维也具有强大的力量，可以解决复杂的难题。柔性思维解决复杂难题的机理如图 5-3 所示。从哲学的角度来看，“柔性”是基于对客体的辩证观察和透视[9]。柔性思维如水般具有“穿透”力量，柔性思维者通常善于“透过现象看本质”。现代柔性思维研究者认为，柔性思维是一种适应性强、多变、多维、发散性思维方式，这种思维方式具有自由开放的思维空间、复杂的多维思维结构和“随情境应变”的思维范式。柔性思维在管理中的应用强调“以柔克刚”，主张应用情感、精神、尊重等“柔性力量”维系上下级之间的关系，不提倡应用“强权”，因此柔性管理具有明显的“以人为本”特征，有利于提高员工的工作热情、创新士气和责任感，使员工实现良好的自我管理和自我约束[10]。柔性思维是人类思维的较高层次[11]。柔性思维与刚性思维的比较见表 5-1。由于柔性思维自由灵活、具有很强的适应性和广泛的应用范围，许多学者对柔性思维在多元化领域中的应用进行了研究。例如，McGowen 等研究了柔性思维在数学学习中的应用及影响[12]。一些学者研究如何促进柔性思维。例如，Goclowska 等提出反定型思维对柔性思维具有促进作用[13]。

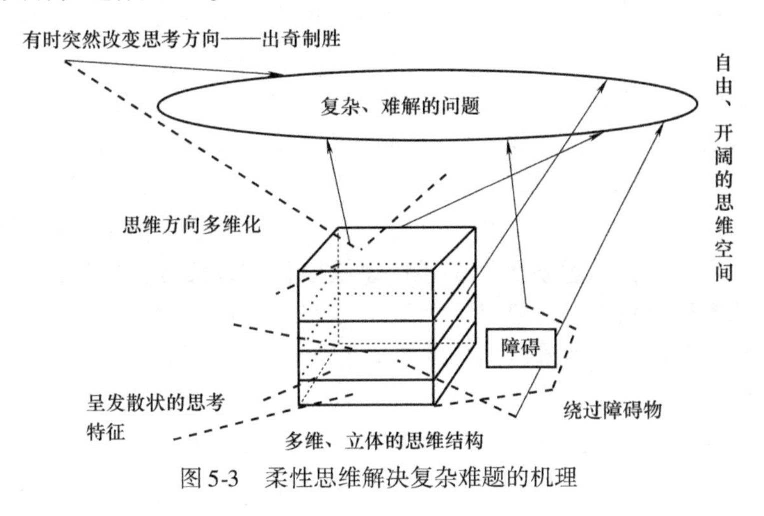

图 5-3　柔性思维解决复杂难题的机理

表 5-1　柔性思维与刚性思维的比较

	柔性思维	刚性思维
思维空间	不受拘束、自由，思维空间极开阔	思维空间受到限制、狭窄，思路无法展开
思维方向	开放式思维，思维方向发散，呈现放射状，从多角度、多方向分析问题。灵活绕过思维障碍，有时思维方向突然改变，出奇制胜	思维方向单一，呈直线状，难以绕开思维障碍，思维容易出现“死角”“死结”或“死胡同”
思维结构	思维结构多维化、立体化、多面化、多层化、网络化、复杂化。能从多个层面辩证分析问题，对事物的分析更全面、周到、辨证化	思维结构简单化、平面化、单层化，对事物的分析较片面

（续）

	柔性思维	刚性思维
思维范式	思维范式多元化，根据客观情境的改变，随机应变	思维范式，有时与客观环境脱节
创新力	创新灵感或新异想法较多，创新能力强	难有新异想法或创新灵感，创新能力薄弱
突破力	敢于突破，具有较强突破力	思维受困，无法突破，突破力薄弱
适应力	善于与环境同步应变，环境适应力强	不能与环境同步应变，环境适应力薄弱
解决复杂难题能力	具有较强的解决复杂、难解问题的能力	只能解决较简单的问题，面对复杂难题通常束手无策

2005年，中国的柔性思维专家袁劲松顺应时代需求创建了柔性思维方法工具体系，揭示了柔性思维的奥秘并使柔性思维成为可以学习的“智慧之学”，[14] 不仅有力促进了柔性思维理论体系的完善与推广，也给人类带来科学训练柔性思维、逐步提升人们柔性思维能力的系统方法。袁劲松专家提出的柔性思维训练体系，有助于受训者改变传统的刚性思维，优化思维结构，开拓思维空间，促进思维范式与思维方向多维化、灵动化，改善“脑筋”转弯的机能，突破长期困扰的思维“禁锢”，打破困境问题的“瓶颈”，取得突破性思维结果，提高分析与解决复杂问题的能力，提高创造力。尽管目前已有不少企业管理者参加了柔性思维培训班，通过系统训练柔性思维取得较好成效；但我国企业员工对柔性思维的重视仍然不足。建议以“柔性求新”立企的大规模定制（MC）模式企业员工都要参与柔性思维培训，这是企业实现“人人创新”、构建创新型企业文化的基础性工作。

柔性思维实质上是柔性理念在人类思维方面的体现与应用。企业培训柔性思维与柔性理念可以同时进行，在讲解柔性思维机理时要详细讲解柔性理念蕴含的动态观念、突破观念、权变观念与“以柔克刚”观念，冲击员工的刚性观念、呆板观念、“钻牛角尖”“钻死角”观念等，促成员工思维与理念的柔性化。

5.2.2 培训精益理论

企业构建精柔型企业文化，一定要在全企业范围内培训精益理论，推广、应用精益思维与精益理念。精益理论是以“精益求精”为精神基础的代表性前沿理论。培训精益理论、推广和应用精益思维理念是企业营造精益求精的文化氛围，优化企业形象，提升员工工作质量，消除隐藏浪费，降耗提效的重要途径。

精益之“精”强调“精确、精简、精益求精”；“益”强调“利益、效益”。

“精益”强调“以最节约的方式实现完美质量”[15]。根据精益理论的提出者James P. Womack教授和Daniel T. Jones[16]的观点，精益思维是一种有坚定原则的思维模式，精益思维者必须遵循五个精益原则。

（1）“定义价值”原则 精益思维模式有明确的价值观，即“以客户为中心”的价值观。根据精益价值观，企业所有产品、服务的价值都应该由客户或消费者来确定，只有根据客户或消费者需求提供的产品或服务才是有价值的。企业中任何不受客户或消费者需求的产品或服务都是无价值的“浪费”。而且，企业在任何工作中都要避免无价值工作，任何企业都应该追求“价值最大化”。例如，一件“气质大衣”吸引了许多消费者的眼光，但多数消费者看到这件衣服背后的帽子后就摇头走开了，为什么？因为这件大衣的风格与这个帽子不符合，衣服上增加的帽子破坏了这件大衣应有的“风格”，导致喜欢这件大衣正面“风格”的消费者都不喜欢这个帽子。尽管这件衣服上的帽子需要增加额外的材料费用和制作费用，却并没有增加产品的价值，甚至降低了产品的价值。因此，这件大衣上的帽子就属于必须被消除的浪费。根据精益价值观，类似这样的浪费根本不应该“成为现实”，早在生产这件大衣之前就应该发现这些潜在的浪费，并坚定消除之。

（2）“绘制价值流图”原则 绘制每个工作的价值流图有助于发现、识别隐藏在价值流图中的各种浪费，以便通过删除、精简、替代等方式消除浪费。价值流图分析法是精益思想体系中的一个重要方法。工作活动可以其“价值性”分类。

1）工作活动是对满足客户需求、实现企业目标有明确、直接意义的价值，这类工作活动一定要保留。

2）工作活动是对满足客户需求、实现企业目标的意义模糊或“利弊参半”，这类工作活动要酌情进行优化。

3）工作活动对满足客户需求、实现企业目标无意义，属于不创造价值的工作活动，但在当前政策环境、技术条件、生产能力下还不能删除。这类工作活动可以暂时保留。

4）工作活动对满足客户需求、实现企业目标无意义、不能创造价值，且在当前环境下可以删除。这类工作活动应该立即去除。丰田汽车公司应用价值流图分析法发现许多“以前无法发现的潜在浪费”，使企业生产流程得到明显优化，工作效率、质量、效益都得到显著提升。

（3）“价值流动”原则 企业通过价值流图分析法去除“不创造价值”的工作活动后，还要使保留下来的有价值的工作活动顺畅流动起来，避免工作流间断造成时间等资源浪费。“在汽车制造业，亨利·福特和他的助手们是最先认识到流动潜力的人。1913年，福特把轿车总装生产转变为连续流动生产，使福特的T型车的总装工作量减少了90%。同样，福特把这种原理应用到其他生产过程，由此大大提高了整个生产过程的生产率。引进了流动以后，需要几年才能设计出来的产品，在几个月内就可以完成；需要若干天才能办完的订货手续，几小时就可以办完。”[17]

(4)“拉动”原则　精益思维将传统的“从因到果”改变为“从果到因”，是一种“拉动”式思维方式，例如，企业目标、客户的最终需求等“拉动”企业的产品生产与服务流程。“精益思想将传统的‘推动’改变为‘拉动’，意味着你可以抛开销售预测，直接按用户告诉你的实际要求生产就行了，这就是说，你可以让用户从你那里按照需求拉动产品，而不是把用户不想要的产品硬推给用户”。[17]精益的“拉动”原则有效避免了多余工作或不足工作造成的各种浪费。

(5)“完美”原则　精益执着追求“零浪费”“零转产工时”“零库存”“零不良”“零故障”“零停滞”“零事故”的“七零”目标。精益思维为什么敢于追求“七零”完美？是因为精益思维体系不仅有科学的理念与方法，更有“精益求精”精神为基础。

5.2.3 培训“柔性+精益”的优势

柔性思维理念的应用结果往往具有多样性[18]。目前大多数相关文献强调柔性思维和柔性理念的优势，故意忽略了单纯柔性思维和柔性理念的劣势。虽然柔性思维理念在适应多变环境和创新方面很有优势，但由于柔性思维理念“太自由”，有时可能会导致一些原则性、思考方向性的错误。柔性管理的“以柔克刚”虽常能产生意想不到的管理“良效”，但也常因“过分人情化”“柔性有余，原则不足”等情况产生“反效果”和不良影响。为了提高柔性思维与柔性理念在管理中应用的科学性，应该将柔性思维、柔性理念与科学理论、科学原则结合起来应用。

另一方面，精益思维理念也很需要与现代柔性思维理念相结合。当前，世界各国有很多企业追求精益，但真正取得长久成效的并不多，John Drew等说“就绝大多数企业而言，改善通常都无法持久”。[19]以我国企业为例，虽然精益理念已经受到我国多数企业关注，很多企业在建立系统精益体系方面努力过，但真正成功的精益企业并不多。其原因可以归纳为：

1）我国绝大多数企业所处的内外环境与日本丰田汽车公司有很大差异，丰田的精益技术和方法不能完全适用于很多“企情”不同的企业。

2）丰田精益体系的高效运营需要有本地的、与生产企业默契配合的同样精益化了的供应商为后盾。即使是日本丰田公司自己在国外投资的子公司，在缺乏精益化的配合默契的零配件供应系统的情况下，也达不到丰田公司在日本工厂的生产绩效。

3）丰田精益生产要求员工能熟练完成整条“单件”生产流上的各种工作，还要善于生产线的切换，做到产品品种生产切换的“零切换时间”。这需要企业花费比一般企业高许多的资金、时间、精力培训员工，丰田公司就是这样做的，为了培训好员工，当时资金紧缺的丰田公司只能购买二手设备。这些培训好的员工是丰田公司的重要资源，事实上由于当时日本劳工法规定“任何公司不能以解雇员工来降低成本”、员工流动率较低，绝大多数经过很好培训的员工都终生为丰田公司，这些员工熟练的操作技能其实也是丰田公司获取竞争优势的法宝，是难以模仿的。

4）企业完全模仿、生硬引进丰田精益系统，难度大、耗资大，可能在短期内因为消除了企业的某些浪费环节而取得成效，但很多企业领导和员工缺乏“自发精益求精”的强大内在约束力，缺乏严谨实施精益技术和方法的长久性，而一旦松懈下来，其应用精益系统的早期改善就会消失。而半途而废的精益化将给企业造成巨大的浪费和损失。由于刚性照搬丰田精益，不但需要巨大的企业改造成本，而且成功率不高，于是很多企业因此放弃了精益改造。是否可以换一种应用精益理念的思维方式——精柔思维，既不是“刚性照搬”，也不是“知难而退而放弃”，而是增加应用精益理念的柔性，取精益之精华，去其不能适应本企业客观情况或预期收益小于成本的部分，将中国国情、本企业实情注入精益，在精益的基础上创新，富有柔性地、不拘泥于固有模式地应用精益。

其实目前成功的精益企业管理者都是“精益 + 柔性”思维者，将他们自身的柔性思维与丰田的精益思维紧密结合起来才取得卓越的业绩。这种融合了管理者自身柔性思维的“精益”本质上不是“精益思维”，而是“精柔思维”。与精益思维相比较，精柔思维明显提高了创新力与适应力。“精益 + 柔性”对提高精益理念的应用成功率有重要作用，对于进一步推广与柔性应用精益理念，进一步降低成本、提升质量与效率，促进“低碳经济”与“卓越组织”都具有重要应用意义[20,21]。

笔者建议将柔性思维与精益思维结合应用，将柔性理念与精益理念结合应用。“柔性 + 精益”思维的优势（与精益思维、柔性思维比较）如图 5-4 所示。“柔性 + 精益”理念是精益理念与柔性理念的全面融合。柔性理念的突破观念、动态观念、权变观念、“以柔克刚”观念全方位渗透到精益理念中，形成的“精柔相融”“精柔相生”“在精益中柔性无处不在”“在柔性中精益无处不在”的现代理念。“柔性 + 精益”理念既具备精益理念的优势，又具备柔性理念的优势。可以从精神维、物质维、制度维、行为维“四维（4D）”驱动企业自主创新，如图 5-5 所示。

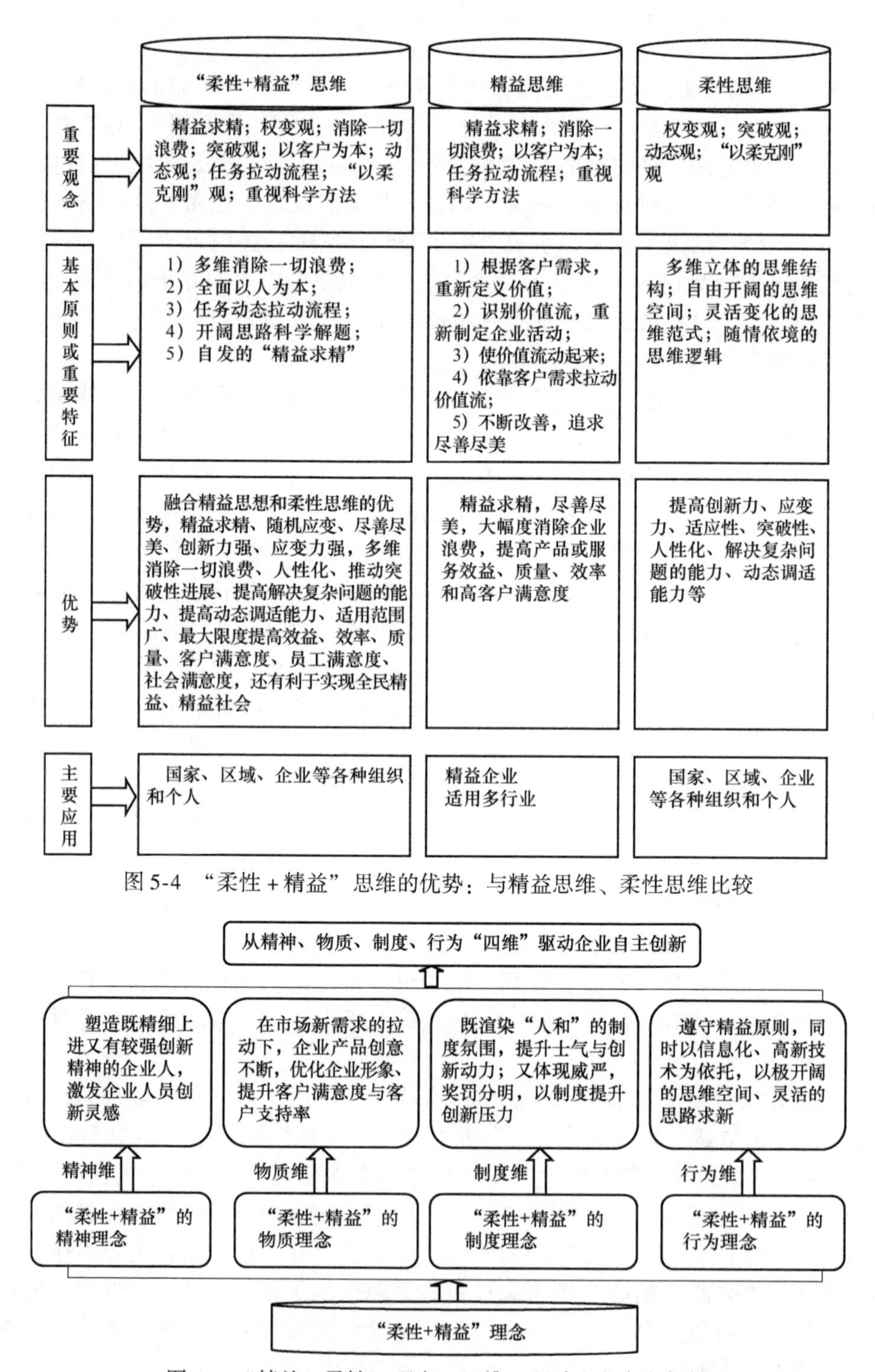

图5-4　"柔性＋精益"思维的优势：与精益思维、柔性思维比较

图5-5　"精益＋柔性"理念"四维"驱动企业自主创新

5.3　企业管理层与制度推进

5.3.1　企业管理者构建“柔性+精益”管理理念

通过培训员工、促进员工学习，可以冲击员工的旧观念，让越来越多的员工柔性化、精益化。与此同时，企业管理层应当起到模范性的引领作用。建议企业管理者带头参加柔性思维培训，带头学习精益理论、构建精益思维、推行精益管理，带头成为“精柔型员工”，将“柔性求新”与“精益求精”的精神理念紧密结合起来，构建“柔性+精益”管理理念。

“柔性+精益”管理理念是柔性管理理念与精益管理理念协同应用的产物。“柔性+精益”管理理念整合了柔性管理理念的基本观点（动态观、权变观、突破观、“以柔克刚”观）与精益管理理念的基本观点（消除一切浪费、目标拉动流程、应用精益方法、追求完美、客户为中心），包涵“多维消除一切浪费”的浪费观、目标动态拉动流程的流程观、重视精益方法及其整合应用的方法观、持续追求完美并敢于突破的完美观、以人为中心的价值观。精柔管理理念具有“尊重精益+突破精益”“追求动态的完美”“经济节约”“尊重人性”等基本特征。

（1）尊重精益+突破精益　“柔性+精益”管理理念以精益理念为基础，但又突破精益理念。“柔性+精益”管理在遵守精益原则的同时，提倡根据环境变化突破精益管理方法。“柔性+精益”管理的思维状态是自由、开放、多维和变通的，导致“柔性+精益”管理比精益管理更善于学习现代各种先进理论和科学方法，且更重视多理论和多方法之间的关联与优势整合。面对各种各样的难题，“柔性+精益”管理理念认为应该采用最适合当前问题的方法，且相信通过开阔的思维空间和高度柔性而复杂的集成思维总会找到一种最合适的方法来解决当前难题。“柔性+精益”管理理念认为最适合当前问题的方法可能不是现成的。当没有现成的适用方法时，“柔性+精益”管理理念提倡采用集成或创新方法，这些方法可能是多学科集成的。

（2）追求动态的完美　“柔性+精益”管理理念认为完美是动态的，追求完美的过程应该是在客户需求和组织目标的动态拉动下进行。从“柔性+精益”管理视角，最低成本、最优质量、最快进度、最高客户满意度、最低污染都不是绝对的和静态的。随着时间流动，组织管理的内外环境会发生变化，完美的标准也会改变。为了追求完美，“柔性+精益”管理理念认为管理必须紧跟时代的步伐、紧跟环境的变化，而且追求完美的过程应该是持续改善的过程。只有这样，“柔性+精益”管理理念认为才有可能离完美越来越近。

（3）经济节约　“柔性+精益”管理理念和精益管理理念一样追求高价值

的、不间断的、经济的流程式工作。“柔性+精益”管理理念既强调通过精益求节约，又强调通过柔性求节约。一方面，“柔性+精益”管理侧重于应用一系列精益消除浪费的方法，消除一切重复流程、不必要的时间等待、繁琐的不增值活动；另一方面，“柔性+精益”管理通过与环境相适应的灵活集成、替换、重组、改善等简化固有流程，实现经济高效的流程。在“柔性+精益”管理的双重简化效应下，组织多年沿用的、繁琐复杂的“例行工作流程”被科学地简化了，浪费几乎没有生存之地。

（4）尊重人性 “柔性+精益”管理理念是以人为本的管理理念。“柔性+精益”管理理念强调的是软权力，而不是硬权力。“柔性+精益”管理理念认为管理者的人格感召力是任何强制手段都比不上的卓越管理最有效权力，推崇以管理者优秀人格为基础的软性影响。“柔性+精益”管理擅长应用“非制度”“非强制”的符合被管理者、客户或其他对象身心需求的人性化措施和方式。“柔性+精益”管理理念认为管理者不但要严格自我要求，还要善于发现被管理者与众不同之处，重视被管理者合理合法的需求，实现互相理解和尊重，提高被管理者对客户与其他对象的满意度、工作积极性、主动性和分忧力。“柔性+精益”管理理念的内涵与特征如图5-6所示。

企业管理者构建“柔性+精益”管理理念的过程，是一个持续学习、持续实践与持续完善的过程。“柔性+精益”管理理念可以应用于企业管理中，形成“柔性+精益”管理模式（精柔管理模式）。精柔管理模式实现“精益”和“柔性”的优势互补，强调根据具体情境正确应用科学理论、科学工具和技术方法，能精益求精、持续完善地追求“零故障”“零缺陷”“零浪费”“零客户抱怨”的完美境界。与精益管理模式相比较，精柔管理模式更重视被管理人的心理感受，更尊重管理对象的生理需求、精神需求、情感反应、心理平衡等合理的人性化需求或心理特征，更善于“以柔克刚”的“心理战术”，更重视以“非制度”的形式提高组织人文关怀和凝聚力，比精益管理模式更富有创造性、人性化、策略化、应用更广泛，有效提高管理对象的向心力、积极性、学习力、适应力、创造力和解决复杂问题的能力。与柔性管理模式相比较，精柔管理模式更求精求进，更强调“消除一切浪费”，更重视精益方法等科学方法的应用，且灵动的同时坚守科学的方向、思路开阔的同时精专于某一领域，进一步提升管理质效[20,21]。在此，还要特别强调的是，企业管理者需应用人性化的柔性管理，启发员工思维，提高员工应用柔性思维分析问题和解决问题的能力；要在生产经营全过程中强调以客户需求为中心，消除一切无价值的浪费，应用科学方法追求完美目标并持续完善，要求上道工序员工对下道工序员工高度负责，促进下级员工以“柔+精”理念替代传统的刚性和粗放理念，并努力营造“柔性求新+精益求精”的企业氛围。

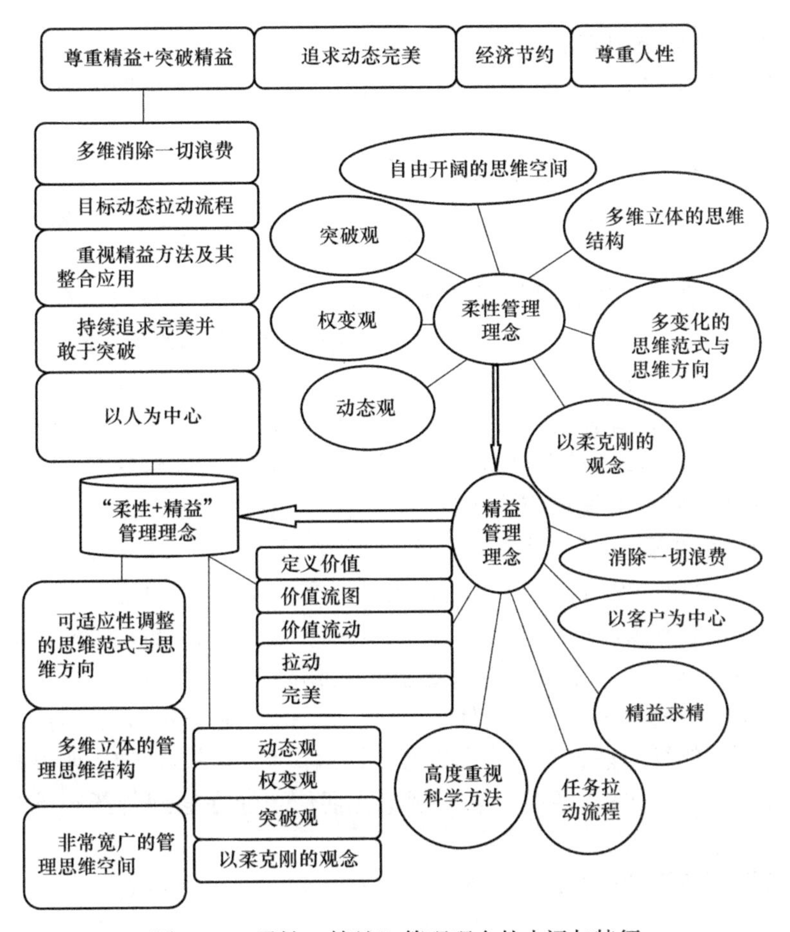

图5-6 "柔性+精益"管理理念的内涵与特征

5.3.2 企业管理者构建精柔创新管理理念

建议企业管理者将"柔性+精益"管理理念应用于企业自主创新管理中，形成精柔创新管理理念。精柔创新管理理念是一种敢于突破、精益求精、追求动态完美、经济节约、尊重人性、以市场为导向、以客户需求动态拉动创新的创新管理理念。

精柔创新管理理念承袭"柔性+精益"管理理念的浪费观、流程观、方法观、完美观、价值观、"尊重精益+突破精益""追求动态的完美""经济节约""尊重人性"等重要观点与基本特征，在降低自主创新成本、提高自主创新质量、效率、客户满意度、价值等方面都具有较大优势。

1）持"多维消除一切浪费"观念、具有"经济节约"特色的精柔创新管理理念强调根据创新问题特征与实际创新情况采用最适合的方法优化创新资源配置、优化创新流程、改善创新现场管理、挖掘创新人员潜力等，可以最大限度降低企业自主创新的成本。

2）持“目标动态拉动流程”观念的精柔创新管理理念强调创新环节之间在搭接上的“零浪费”。

3）高度求精严谨、柔性细致的精柔创新管理理念重视每个创新环节的质量。并在提高企业自主创新质量的同时，大幅度减少因“返工”“废品”等造成的不该有成本。

4）提倡“精简”的精柔创新管理理念，重视通过精简组织、简化流程、简化手续等手段，实现价值活动的无缝搭接，提高企业自主创新效率与效益。

5）敢于突破、持权变观和动态观的精柔创新管理理念提升了企业自主创新的突破性、应变性和适应性。

6）主张以客户需求动态拉动企业自主创新的精柔创新管理理念，促使企业的各项自主创新活动不偏离市场导向，以最大限度满足客户新需求、顺应客户需求新趋势或解决客户正急需解决的问题为创新目标，“有的放矢”地进行企业各项自主创新活动，提高企业自主创新成果的客户满意度与价值。

7）重视精益方法及其整合应用的精柔创新管理理念，既高度重视精益方法、利用精益方法的优势，又主张开拓创新思路，强调以多维分析和多向思考寻求创新灵感，柔性整合多学科、方法的优势，使企业解决创新难题的能力明显提高。

8）精柔创新管理理念强调认真执着、锲而不舍的创新精神，明显减少企业自主创新过程中常见的“半途而废”现象，促使企业在遇到创新困难时依然坚持不懈。

9）精柔创新管理理念以人为中心，强调以每一个平凡的普通人为中心，有利于创建“人人创新”的企业氛围，也有利于优化企业内各个创新团队、研发机构的创新成果。

5.3.3 打造精柔型的企业制度环境

企业管理者构建“柔性＋精益”管理理念、精柔创新管理理念，实施精柔管理模式的同时，应抓紧时间推动相应配套规章制度的建立健全，打造精柔型的企业制度环境。企业制度是企业员工行为的规范和指南，是企业对员工言行、品质、精神的衡量准则，对企业员工的外在表现和内在精神品质都有较大影响。打造精柔型的企业制度环境，即要求企业建立健全恩威并重、奖罚分明的、崇尚“精益求精、柔性求新”的企业制度体系。企业应该在各项规章制度中提倡、强调“精益求精”和“柔性求新”，并对精益求精、柔性创新的言行和成果给予相应的物质和精神奖励；同时，也通过规章制度的普及和宣传，使员工明确“粗放不求精”“刚性守旧”的危害，明确粗心和呆板也是应被批评的错误，知道因粗心和呆板而造成损失应接受惩罚。精柔型的企业制度环境既是“制度压力”也是“制度动力”，有力驱动所有员工的精柔化，使“精益求精+柔性求新”逐渐成为企业的“无形规则”[22]。

5.4 “柔性+精益”理念的实践应用：以 TB 企业为例

企业文化与企业实践紧密联系、互相影响。企业实践是企业文化的“落地”，也是企业建设、巩固、优化企业文化的重要途径[23]。建议企业边实践边建设企业文化，并在实践中进一步建设、巩固和优化企业文化。在精柔型企业文化建设过程中，应该将精柔相融的理念引入企业的各项实践中。在笔者调研的多家大规模定制（MC）模式企业中，TB 企业做得最好。在以 TB 企业为例之前，笔者首先感谢 TB 企业的榜样作用及其对我们调研的协助与支持！

5.4.1 TB 企业简介

成立于2001年的 TB 企业是一家大型时尚运动体育用品企业。公司最初是家族式企业，2008年就在香港上市，现在是拥有接近6000名员工的上市公司，发展迅速。2007年 TB 企业开始引进精益生产系统，具有高度柔性思维与创新精神的 TB 企业领导引入日本丰田精益生产系统的同时紧密结合本企业的环境特征与产品特征，在 TB 企业精益生产实地调研中处处可见柔性思维在其中的应用。无论是企业文化、生产线布局、项目推展、生产细节、领导风格，都体现出既精益又柔性的特征。该案例对于正在努力提升自主创新力的大规模定制（MC）模式企业具有借鉴意义。这也正是本书选择 TB 企业为例的原因。

TB 企业一直努力与时代特征与客户需求保持同步。随着速变时代的到来，客户个性化、新异化消费观越来越强烈，尽管 TB 企业实施差异化策略、追求创新，也受到较大冲击，传统的大批量（MP）生产方式产生大量的产品积压。不少年轻客户反映，本来是准备购买 TB 运动鞋的，结果在专卖店里转悠半天也找不到完全符合自己审美观的鞋子，于是放弃购买 TB 运动鞋。为了改变这种情况，TB 企业于2012年开始逐步转向大规模定制（MC）模式。以客户订单拉动企业的生产，大量减少了产品积压库存，消除大量浪费。我们实地调研得知，目前 TB 企业的客户订单主要来自以下渠道：

1）企业运营中心是主要的接订单机构。TB 企业运营中心与销售直接对接，承接来自网络、实体店、订货会等方面的各类产品订单。

2）TB 企业2012年成立了团购事业部，专门为团购定制服务，接受各种团体定制特色产品的订单。

3）TB 企业开设了体验店，创意产品供客户体验试用，鼓励客户在体验的基础上提出改进意见或个性化需求，承接客户个性化的产品订单。

笔者在实地调研时提问：“有些客户的订单需求很奇怪，相类似需求的订单不多，企业生产这类产品达不到规模经济，就会导致成本偏高，怎么办?”TB企业某制造事业部的负责人回答：“我们现在对产品实施模块化设计与精益生产，每个生产环节都注意消除浪费，生产后根据订单组装，如‘A 鞋面 + D 鞋底等’，对订单的反应速度比以前快很多，产品模块的生产也一般可以实现规模经济，尽量降低生产成本。有时也会有一些奇怪的订单，有的订单我们现在的技术还有些困难，需要技术突破，但为了不失去客户，我们也会在权衡市场与成本的情况下接单。技术突破就交给研发部门去做，我们有很强大的研发团队，拥有省级企业技术中心，他们的研发能力强、速度也快。我们在生产时会尽量利用这类产品与其他产品相同的模块，只是增加这类产品与其他产品不同的部分。价格根据成本来定，这类订单的客户一般不会太斤斤计较价格。”

根据该负责人谈到的产品模块组合，笔者分析发现因产品模块组合而产生的产品多样化效果是惊人的。就以鞋面与鞋底两个部位的产品模块组合为例，假设该企业目前只有 A、B、C、D、E、F、G 等 7 种鞋面模块和 A、B、C、D、E、F、G 等 7 种鞋底模块，就可产生如下鞋面模块与鞋底模块的组合：A 鞋面模块 + A 鞋底模块的组合；A 鞋面模块 + B 鞋底模块的组合；A 鞋面模块 + C 鞋底模块的组合；A 鞋面模块 + D 鞋底模块的组合；A 鞋面模块 + E 鞋底模块的组合；A 鞋面模块 + F 鞋底的组合；B 鞋面模块 + A 鞋底模块的组合；B 鞋面模块 + B 鞋底模块的组合；B 鞋面模块 + C 鞋底模块的组合；B 鞋面模块 + D 鞋底模块的组合；B 鞋面模块 + E 鞋底模块的组合；B 鞋面模块 + F 鞋底的组合。

可见，将产品化整为零进行模块化设计与模块化生产，再进行化零为整的多样化、个性化组装，确实是大规模定制（MC）模式企业在实现多元化、差异化、个性化的同时提效降耗的有效、可操作的重要方法。同时，针对各产品构件模块的大批量生产，可以实现规模经济，有效降低产品的定制成本。

走进 TB 企业，即可见 TB 企业办公区和生产区都多处挂有促进“全员参与创新”的提示牌，TB 企业是一个强调“人人创新”的企业。据介绍，TB 企业有四百多人次参加省科技创新中心举办的创新方法初级、中级和高级培训。为了促进“人人创新”，TB 企业推行“提案改善”制度，鼓励企业从上到下每个人都为企业的持续改善做贡献，每个 TB 企业的工作者都可以根据自己的实践经验提出改善性提案，企业每个季度（时间根据实际情况确实，较灵活）集中收一次员工提案。基层员工提出的改善性提案首先集中交给本部门负责人审核，之后集中提交给评审委员大会审核，改善性提案被评审大会通过的员工将得到企业的奖励。这些被大会通过的改善性提案将被 TB 企业的高层接受并逐步突破困难得到落实。这些年来，TB 企业通过“提案改善”制度，集思广益，很大程度上增加了企业与时俱进的“新点子”，有效增强员工参与自主创新的积极性和整个企业的自主创新能力。TB企业在鼓励人人创新的同时，设置有专门的研发创新部门。TB企业现有四百多名研究开发设计人员，这个大的创新团队下又根据研发方向与创新项目需求组建成不少小的创新团队。TB企业的研发部门每季度都能以客户定制与市场需求趋势为导向完成若干自主创新项目，并可因此得到企业的相应奖励。TB企业内部成立有自己的TB大学，根据企业需求与时俱进地设置各种课程与培训课程，要求各部门员工来学习，学习成绩合格的给予相应学分。TB企业对各部门员工根据实际情况规定有不同的学分要求，如企业要求研发部门的员工每年要参加10次以上的学习培训，达到20学分以上。这就使员工们必须定期参与TB大学学习和培训，整个企业学习氛围浓郁。TB企业给员工的学习目标定位为“为了更好为客户提供服务、提高客户满意度而学习”。TB企业强调要“打造学习型、服务型的团队”，全面引入了“团队管理法”，不仅将团队管理方法应用于生产管理中，而且将团队管理方法应用于自主研发创新管理中。现在，TB企业的团队自主创新能力与员工个人自主创新能力，都是名列前茅的。在调研中得知TB企业研发部门的创新灵感主要来自市场调研、客户定制、国外先进预测和流行趋势。TB企业的研发团队很重视与客户的交流，时刻关注客户的新需求、新定制，所有的创新受到客户需求的动态拉动，并服务于客户，努力提高客户满意度。

5.4.2 TB企业“精益+柔性”的实践

TB企业高度重视丰田的精益生产管理系统（LPM）并全面引进精益生产管理（LPM）系统，走进TB企业任何一个工厂，都可以看到精益生产管理系统标示牌和井然有序的精益管理现场。此外，每个部门都向员工展示其精益生产组织管理框架简图。同时，“精益求精、柔性求新”的TB企业并没有简单模仿丰田的精益生产管理，而是创新性地将精益生产管理原则、理念、方法与本企业的实际情况紧密结合，并根据各部门实际情况建立了奖罚机制，如办公室奖惩分数标准、车间奖惩分数标准、仓库奖惩分数标准，根据员工表现情况计分和奖惩。除了努力构建真正适合本企业特点的精益生产组织管理体系，TB企业还灵活应用精益管理方法进行现场管理、流程管理、浪费管理等。

【例5-1】 柔性应用精益的“5S现场管理法”

5S现场管理法是精益生产管理体系中重要的现场管理方法，包括Seiri（整理）、Seiton（整顿）、Seiso（清扫）、Seiketsu（清洁）和Shitsuke（素养）。

TB企业灵活应用了5S现场管理方法，形成7S现场管理方法。在5S的基础上增加了Safety（安全）、Save（节约），并根据各部门各生产车间的实际情况提出不同的7S现场管理具体要求。以TB企业一工厂为例，Seiri（整理）要求区分存废、去坏留好，把物品分为要与不要，不要的物品坚决丢弃；Seiton（整顿）要求工作现场物品摆放秩序井然、井井有条，并能经常保持良好状态，有效地消除利用物品时的时间浪费，提高工作效率；Seiso（清扫）要求对各自岗位周围进行彻底清扫、清洁，保持无垃圾、无脏物，保证美好的工作环境；Seiketsu（清洁）要求将整理、整顿和清扫进行到底，并且制度化，经常保持环境处于美观的状态；Shitsuke（素养）要求以“人性”为出发点，通过整理、整顿、清扫、清洁等合理化的改善活动，培养上下一体的共同管理语言，使全体人员养成守标准、守规定的良好习惯，进而促进全面管理水平的提升；Safety（安全）要求按章操作，确保人身与公司财产安全，一切主旨均遵循“安全第一、预防为主”的原则。Save（节约）要求节约成本、从点滴做起，关注节约、浪费急待解决，关注效率，效率急需提高。

【例5-2】 柔性应用精益的“价值流图分析法”

价值流图（价值流程图）（Value Stream Mapping）是“丰田精益制造（Lean Manufacturing）生产系统框架下的一种用来描述物流和信息流的形象化工具”[24]。丰田精益生产管理采用价值流图分析法的目的是识别、消除生产过程中的浪费。TB企业将价值流图分析法灵活应用于企业中的所有工作，无论是研发创新流程、还是生产流程、行政管理流程都强调应用价值流图分析法识别、判断、消除各种显性浪费和隐性浪费。TB企业紧密结合每项工作的客观实际情况，认真绘制并“有的放矢”地优化价值流图，删除所有可删除的无价值工作环节，柔性应用整合、替代、转换等方式，尽可能提高各工作价值流图的经济性和可操作性，使企业的各种工作流更精简、更科学、更高效，很多隐藏于传统工作流中的浪费都在优化过程中发现并被消除了，有效提高TB企业研发创新、生产、行政管理等各项工作的质量、效率与效益。

【例5-3】 精柔治理浪费

TB企业活用精益生产管理体系的“消除一切浪费”观念。根据企业的实际情况，将企业中各种浪费进行科学分类。TB企业将企业中的浪费分成等待的浪费、库存的浪费、不良品的浪费、制造过多的浪费、加工的浪费、搬运的浪费、动作的浪费七大类。这七大浪费都用显目的大字写在标语牌上挂在每个部门的显目处，提醒全员消除浪费。调研中，负责人说其实后来又在企业实践中发现了一类重要浪费，即上级对下级传达旨意或分配任务时的时间浪费，又把这类浪费加到浪费体系中了，形成企业必须消除的“八大浪费”。TB企业高度重视在日常中的各个环节，采用各种方法多维消除这八大浪费。例如采用定制的方式、流程优化、QCO快速换模的方式消除库存、等待、搬运、加工等各种浪费。

【例5-4】 基于“看板”的精动控制

为了实现包括研发创新团队在内的各工作团队上下道工序之间准时化（Just in time，JIT）的信息交流，消除各种浪费造成的效率浪费，保证各部门工作达到预期目标，TB企业根据各工作团队客观情况柔性应用精益“看板”原理。TB企业在各个工作区上方悬挂信息板。这些信息板“准时化”、动态地展示创新工作流或生产工作流当前工作环节的完成率（与计划相比较）与具体需求物件的类型与数量。这些信息板能够“准时化”向上个工作环节传递需求信息，可以起到丰田精益管理体系中的“看板”作用。同时，这些信息板还能时刻展示当前计划任务的完成率，可以使本工作环节的员工时刻明确当前计划的实际完成情况，便于及时发现偏差并动态调整，是一种简便、有效的精动控制方法。

【例5-5】 大规模培育精柔型员工

TB企业很重视推进员工的自我管理，希望每个员工都能提高素质并主动参与企业的自主创新。TB企业还有一些员工保持着传统的粗放、凭经验、刚性的思维模式。为了巧妙冲击传统思维，TB企业采用宣传视频等方式促使粗放、凭经验、刚性思维的员工认识到差距和不足，产生改善思维、改善意识的愿望。同时，TB企业是学习型企业，员工经常被组织参加精益制度学习、工作流程学习、消费新观念学习、创新方法学习、柔性思维培训等；且TB企业设有晨课，每天早晨所有员工都参与学习；整个TB企业弥漫着浓郁的学习和自我培训氛围。通过学习与培训，大多数员工逐渐成为精柔相融、富有创造力、“新点子”多且能以高度求精的态度克服创新困难直至创新成功的精柔型员工。调研中，我们与许多TB企业员工交谈过，参与访谈的所有TB企业员工都熟悉企业精益制度、学习制度、创新比赛制度的相关规定，都很重视客户需求，其言行举止体现出亲和、上进、求精、求新的特征。

5.5 MC企业自主创新过程是建设精柔型企业文化的契机

“创新文化与自主创新有着协调互动的关系，即创新文化推动、培育、引导自主创新，自主创新反过来促进、丰富、升华创新文化。”[25]上面分析了精柔型企业文化推动大规模定制（MC）模式企业自主创新的力量，同时，我们也不可忽视大规模定制（MC）模式企业自主创新对企业文化的影响。企业自主创新与企业文化创新互动互促，切不可孤立而视之。近年来，我国越来越多学者开始重视企业自主创新与企业文化的互动机理研究。许箫迪等[26]指出企业应在技术创新中加强企业文化建设，精心培育优秀企业文化，同时用优秀的企业文化去引导、推动技术创新的成功和企业的发展。欧庭高[27]等编著的《企业文化与技术创新》指出企业文化对技术创新具有牵引作用，技术创新也能反之提升企业文化，将企业文化和技术创新高度关联起来，是“走向未来的强者的必由之路”。

5.5.1 企业自主创新过程是充分发挥MC企业精柔精神的过程

企业自主创新过程是格外需要“精益求精＋柔性求新”企业精神支撑的过

程，同时也是培养企业管理者和普通员工“精益求精 + 柔性求新”精神品质的契机。在企业自主创新过程中，企业多数情况下会面临一系列技术难题，如果不具备“精益求精”精神就难以克服困难实现目标；如果不具备“柔性求新”精神就很难突破禁锢出奇制胜。企业自主创新过程是一个严峻考验企业精神的过程，也是“精益求精 + 柔性求新”的企业精神必须得到充分发挥的过程。而当企业终于经过重重考验取得技术创新成绩后，企业士气将会大增，“精益求精 + 柔性求新”的企业精神将得到更深层次的巩固、更大范围的渲染和强化，并激发企业继续发挥“精益求精 + 柔性求新”精神取得更大的自主创新成绩。

5.5.2 企业自主创新过程促进精柔型企业制度文化的完善

企业自主创新过程格外需要“精益求精 + 柔性求新”的企业制度文化支撑、激励和控制。为了推进企业自主创新，企业应高度重视“精益求精 + 柔性求新”的制度文化建设。同时企业还应该认识到，企业自主创新过程也是完善精柔型企业制度文化的过程。当某技术创新团队或个人因发扬了“精益求精”精神而获高质量创新成果，或者以新颖的思路取得突破性进展时，企业都应该及时给予奖励和表扬，以激励和促进；反之，对于那些因粗心大意、固守成见而妨碍企业自主创新、造成损失的团队或个人行为，企业都应该及时给予惩罚和批评，以控制和纠偏。为了有效推动企业自主创新，企业应在企业制度中明文规定激励“精益求精 + 柔性求新”和纠正相应偏差的具体条款，做到事前、事中、事后的激励和控制相结合，在企业自主创新实践中切实落实，根据实践需要适当补充完善，使企业的精柔型制度文化逐步完善起来。

5.5.3 企业自主创新过程有效强化精柔型行为文化

精柔型企业行为文化是基于企业精柔型精神文化和制度文化的，于企业日常工作实践中逐步培养形成的。企业自主创新实践过程中，企业领导和员工在创新目标的驱动下，行为目标和工作压力明显提高，对“精益求精 + 柔性求新”行为文化的需求较平时紧迫。如果能紧绕企业自主创新目标，辅以适当的引导、奖惩，激励“精益求精、柔性求新”行为，则将随着企业自主创新的进展有效强化精柔型企业行为文化。若企业自主创新目标得以实现，企业论功行赏、树立典型，对规范企业行为具有榜样作用，巩固、强化了“精益求精、柔性求新”的企业行为文化；若企业自主创新目标不能实现，企业惩治马虎呆板等不良行为，总结失败教训、修正偏差，也从反面促进了“精益求精 + 柔性求新”的企业行为文化建设。

5.5.4 企业自主创新成果是精柔型物质文化的重要载体

精柔型企业物质文化为企业自主创新提供物质基础，同时，企业自主创新成果是企业精柔型物质文化的重要载体。为了适应 21 世纪高度细分的市场环境，企业必须以“精益求精 + 柔性求新”的精神文化、制度文化、行为文化、物质文化为基础持续创新，随着企业自主创新成果的丰富化，企业物质文化也得到不断丰富、巩固、深化和拓展。而各种高质新颖的产品、服务、技术成果使企业具有鲜明的“精益求精 + 柔性求新”企业形象，又为企业自主创新和全方位发展提供更丰富的物质基础。

总之，大规模定制（MC）模式企业自主创新的过程也是建设精柔型企业文化的重要契机。精柔型企业文化与大规模定制（MC）模式企业自主创新是互相促进的。企业文化与企业自主创新的互促，是企业软件与硬件的互促。优秀的企业，其文化软件和技术硬件必是成良性互促的。而文化软件和技术硬件成互抑的企业，必无可持续发展力而面临生存危机。实现文化软件和技术硬件互促互利既是从根本上解决包括大规模定制（MC）模式企业在内的所有企业自主创新问题的必由之路，也是优建企业文化的有效途径。构建并充分发挥精柔型企业文化优势是大规模定制（MC）模式企业提升自主创新力的重要文化路径，而提升了自主创新力的大规模定制（MC）模式企业又进一步推动精柔型企业文化建设，形成良性循环[20,21,28,29]（图 5-7）。

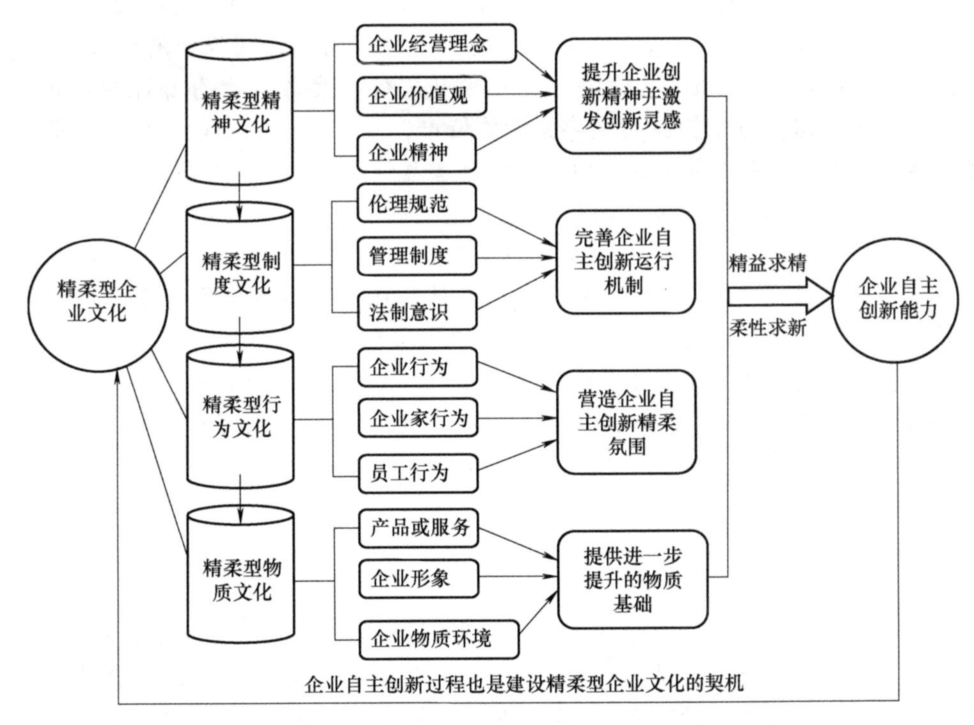

图 5-7　精柔型企业文化与大规模定制（MC）模式企业自主创新的互动关系

5.6 并购企业：精柔型企业文化先行

并购指的是两家或者更多的独立企业、公司合并组成一家企业，通常由一家占优势的公司吸收一家或者多家公司。[30]并购可以扩张企业规模，壮大企业的力量。然而，若来自不同企业的员工遵循不同的“无形规则”，并购也可以使企业文化环境复杂化。如果一个企业经过一系列努力终于形成了精柔型企业文化，却因为“并购”扰乱了原先优秀的企业文化环境，应当如何应对呢？

海尔集团应对“并购文化矛盾”的案例很值得借鉴。经过多年、多维努力，海尔集团终于形成精柔型企业文化。伴随“海尔”并购的脚步，海尔集团的规模也越来越大。然而，来自不同企业的员工在精神意识、工作理念、行为素质等方面存在较大差异，加大了海尔集团质量管理与品牌维护的难度。面对这样的困难，海尔集团采取了一系列措施保质量、护品牌。以海尔集团并购青岛红星电器股份有限公司为例。作为曾经的“我国三大洗衣机生产企业之一”，拥有三千五百多名员工的青岛红星电器公司从1995年上半年开始“大滑坡”，资不抵债。根据青岛市政府决定，红星电器公司整体并入海尔集团，成为海尔集团下属的第二个洗衣机子公司，即“青岛海尔洗衣机有限总公司”。为了解决并购可能带来的“企业文化不统一”问题，也为了维护海尔集团优秀的企业文化、产品质量和企业品牌，海尔集团确定了“文化先行”战略。“海尔集团总裁张瑞敏确定一个思路，海尔的最大优势是无形资产，注入海尔的企业文化，以此来统一企业思想，重铸企业灵魂，以无形资产去盘活有形资产，是最重要的一招。海尔集团副总裁杨绵绵首先率海尔企业文化、资产管理、规划发展、资金调度和咨询认证五大中心的人员，在划归的第二天便来到红星电器公司，开始贯彻和实施‘企业文化先行’的战略。”[31]在具体实施中，海尔集团“重实避虚”，不是简单说教，而是将海尔“敬业报国，追求卓越，精益求精，柔性求新”的企业文化贯彻到具体的实践中，而且抓住“员工身边的典型案例”扩大文化影响、引导员工改变观念。海尔的“文化先行”战略使新并入海尔集团的原红星电器公司员工很快适应海尔文化，被海尔企业文化所同化[31]。

5.7 本章小结

本章建议大规模定制（MC）模式企业构建精柔型企业组织和精柔型研发机构，并建成学习型组织，促进全体员工学习，通过“三管齐下”的方式建设精柔型企业文化。这“三管”中：“第一管”是员工的理论学习；“第二管”是企业管理层的推进与相关制度的建立健全；“第三管”是将“柔性+精益”理念应用到企业的各种实践中。此外，本章指出“大规模定制企业自主创新的过程也是企业建设精柔型企业文化的契机”，建议企业不要等到建成精柔型企业文化后才开始自主创新，而应当认清精柔型企业文化与企业自主创新的互动关系，边自主创新边建设精柔型企业文化，将企业大力推进自主创新力的实践过程当成是企业建设精柔型企业文化的契机。

本章不仅为循序渐进构建精柔型企业文化出谋划策，也建议“企业文化先行”战略以应对“并购中的文化问题”。事实上，企业每个管理者与普通员工都具备精益求精、柔性求新的潜质，在优秀的精柔型企业文化氛围“催化”下，企业各级领导与员工所具备的“精益求精、柔性求新”潜质将被激发并充分发挥作用，成为企业自主创新的强大推动力。

参考文献

[1] 詹姆斯 P. 沃麦克，丹尼尔 T. 琼斯．精益思想（原书修订版）[M]. 沈希瑾，张文杰，李京生，译．北京：机械工业出版社，2008.

[2] ZHANG Q, CHEN L L, FENG T J. Mediation or Moderation? The Role of R&D Investment in the Relationship between Corporate Governance and Firm Performance: Empirical Evidence from the Chinese IT Industry [J]. CorporateGovernance: An International Review, 2014, 22 (6): 501-517.

[3] 潘盛国，于学周．柔性组织与以人为本 [J]. 青年记者，2008 (12): 120.

[4] GILLECE Tom. Keep profits rising [J]. Smart Business Pittsburgh, 2013, 20 (7): 6-6.

[5] 朱冬林．浅析知识经济时代管理创新的发展趋势 [J]. 工业技术经济，2004 (4): 18-19.

[6] 朱冬林．知识经济时代的企业文化创新 [J]. 现代管理科学，2004 (2): 111-112.

[7] 陈静．老子《道德经》柔性思维在企业人力资源管理中的应用 [J]. 中小企业管理与科技，2014 (8): 157-158.

[8] 余洋．企业柔性财务战略研究 [D]. 西南财经大学，2007: 16-19.

[9] 熊捍宏，王维拉．道德经所蕴含的柔性思维方式初探 [J]. 黑河学刊，2010 (2): 43-45.

[10] 阙玉叶．管理中的刚性与柔性思维—论企业管理中逻辑与哲学思维的运用 [J]. 高教学刊 Journal of Higher Education, 2015 (6) 20-21.

[11] 戴祝君．浅析英语学习者柔性思维的开拓与培养 [J]. 大家，2011 (9): 136-137.

[12] MCGOWEN, M A, TALL D O. Flexiblethinking and met-befores: Impact on learning mathematics [J]. Journal of Mathematical Behavior, 2013, 32 (3): 527-537.

[13] 焦长勇．基于领导驾御力的多角化经营研究 [D]. 浙江大学，2002.

[14] 百度百科．柔性思维 [N/OL]. [2019-05-06]. https://baike.baidu.com/item/%E6%9F%94%E6%80%A7%E6%80%9D%E7%BB%B4/998683?fr=aladdin.

[15] JAMES P WOMACK, DANIEL T JONES. The Machine that Changed the World [M]. New York: Simon& Schuster, 1990.
[16] JAMES P WOMACK, DANIEL T JONES. Lean Thinking: Banish Waste and Create Wealth in Your Corporation [M]. New York: Simon &Schuster, 1996.
[17] 百度百科．精益生产方式 [N/OL]. [2019-05-06]. https://baike. baidu. com/item/%E7%B2%BE%E7%9B%8A%E7%94%9F%E4%BA%A7%E6%96%B9%E5%BC%8F/3034017? fr = aladdin.
[18] 陈莹．论服装设计的柔性思维方式 [J]. 宁波服装职业技术学院学报，2002，(9)：13-15.
[19] John Drew, Blair McCallum, Stefan Roggenhofer. 精益之道 [M]. 吕奕欣，张素华，李佩芝译．北京：机械工业出版社，2007：1.
[20] 肖天明．精柔思维与精柔管理——面向新经济时代的思维创新与科学管理 [M]. 北京：中国经济出版社．2012.
[21] 肖天明．精柔型企业文化与企业技术创新的互动研究 [J]. 科技进步与对策，2012 (19)：72-75.
[22] 肖天明．以“精柔型”企业文化提升企业员工自主创新力 [J]. 重庆科技学院学报 (社会科学版)，2016 (11)：63-66.
[23] 郭飞，黄泽华，王锐，鲁昭男．基于心理契约的企业文化落地实践探析 [J]. 科技风，2019 (1)：229.
[24] 百度百科．VSM 价值流图 [N/OL]. [2019-05-06]. https://baike. baidu. com/item/VSM%E4%BB%B7%E5%80%BC%E6%B5%81%E5%9B%BE/5440328? fr = aladdin.
[25] 方晓蓉．论推动企业自主创新的员工激励机制 [J]. 科技管理研究，2010 (7)：168-170.
[26] 许箫迪，王子龙，谭清美．论企业文化与技术创新的互动关系 [J]. 软科学，2002 (5)：93-95.
[27] 欧庭高，曾华锋．企业文化与技术创新 [M]. 清华大学出版社，2007.
[28] 唐冬萍．精柔型企业文化与企业技术创新的互动研究 [J]. 企业改革与管理，2014 (11 上)：50-51.
[29] 许曼曼．精柔型企业文化与企业技术创新的互动研究分析 [J]. 东方企业文化，2014 (9)：282.
[30] 百度百科．并购 [N/OL]. [2019-05-06]. https://baike. baidu. com/item/%E5%B9%B6%E8%B4%AD/5073? fr = aladdin.
[31] 钟投文．海尔集团并购案例 名牌战略下的并购 [J]. 财经界，2005 (3)：89-94.

第6章 总结与展望

本书分析了当前环境下大规模定制（MC）模式企业的竞争优势与发展力。同时指出：大规模定制（MC）模式企业应该是既柔性求新、又精益求精的企业；面对激烈竞争且多变化的市场环境，大规模定制（MC）模式企业格外需要既柔性求新又精益求精的精柔型企业文化环境；精柔型企业文化符合大规模定制（MC）模式企业的基本特征；大规模定制（MC）模式企业的持续发展必然需要持续的自主创新，以不断满足广大消费者或客户的新定制、新需求；精柔型企业文化与大规模定制（MC）模式企业自主创新形成良性互动；精柔型企业文化是驱动大规模定制（MC）模式企业自主创新的重要文化路径；为了驱动自主创新、获取竞争优势，大规模定制（MC）模式企业迫切需要构建精柔型企业文化。进一步，本书基于精柔型企业文化，为大规模定制（MC）模式企业提升自主创新力提出精柔激励战术、精柔流程战术、精柔方法战术、精柔团队战术等，且为大规模定制（MC）模式企业构建精柔型企业文化提出中肯建议。

作为新经济时代的主流企业模式，大规模定制（MC）模式企业在我国国民经济供给侧体系中占据重要地位。本书为优化供给侧自主创新管理、有效提升供给侧自主创新能力建议文化路径与精柔战术，具有重要研究意义和广阔应用前景。以下从几个比较突出的方面介绍本书研究成果的应用前景。

6.1 新概念、新应用

本书在当前大多数国内外学者与应用者只强调“柔性”优势、“精细”优势、“精益”优势与成功面之时，正视“柔性”“精细”“精益”的劣势和失败的一面，主张“精柔相融、精柔相生”，认为现代企业应“以‘精’扬‘柔性’之长，以精避‘柔性’之短；以‘柔’扬‘精细’之长，以‘柔’避‘精细’之短”，建议企业应用“柔性+精细”“柔性+精益”理念、构建“柔性求新+精益求精”的精柔型企业文化，并系统分析了精柔型企业文化的内涵与优势。

本书不仅推荐“精柔型企业文化”，而且基于精柔型企业文化提出“精柔激励”“精柔流程”“精柔战术”“精柔战略”“精柔计划”等新概念，这些新概念从根本上改善了传统的“激励思维”“流程思维”“战术思维”“战略思维”“计划思维”等。这些顺应多变时代、速变环境的新概念若能取代陈旧的、柔性和适应性不足的传统概念，可使新时代的管理焕发新活力，从宏观和微观方面提升企业管理效率、效益和质量，提升企业自主创新力、适应力和竞争力。

为了提升员工个人自主创新力、促进员工的自我管理、优化企业的人力资源，本书还提出“精柔型员工”的概念，分析了精柔型员工的特征与优势，探讨如何培育精柔型员工。由于任何组织都是由员工组成的，一个组织中“精益求精，柔性求新”“多维消除浪费”的精柔型员工越多则越有力量追求效益、质量和创新性发展。试想，如果“精柔型员工”的概念得到推广，多数企业开始重视培训精柔型员工，那么不少企业“以员工个体创新力的集合促进企业整体的创新力”、进而全面造就企业卓越创新力和竞争力将指日可待。

本书提出的新概念都可以拓展应用于其他企业、行业或领域。例如，“精柔激励”概念不仅可以应用大规模定制（MC）模式企业，也可以应用于其他企业；不仅可以应用于工业企业，也可以应用于其他行业的企业；不仅应用于企业，也可以应用于国家、政府、学校、项目等其他组织。以建筑工程项目管理中应用“精柔目标激励”为例。首先，确定项目目标。根据目标设置理论和目标管理法基本思想，正确设置目标是正确实施目标激励的前提和基础。正确确定项目目标，要做到：目标具体化、目标适用化和目标适中化。

1. 项目目标具体化

将项目目标具体化，并使每一个项目参与人员都有明确的工作目标。项目经理代表项目经理部签订《项目任务书》，其中包括项目经理部项目绩效考核的质量、进度、安全、效益等方面的指标和相应的考核权重；项目经理宏观考虑项目整体情况，给各项目小组分派具体的项目任务，并确定各小组相应的考核指标和考核权重；各项目小组负责人再将本组任务细化、具体化到每一位小组成员，并确定各成员相应的考核指标和考核权重。如此层层下达项目目标，深入到施工现场，向施工作业层提出安全、进度、质量等任务，最终使每一个项目实施人员都明确其在该项目上的子目标，所有的子目标都为项目总目标服务。

2. 项目目标适用化

每个项目参与人员的个人目标要与其劳动条件、劳动能力、劳动环境没有矛盾，要是可执行和可操作的，只有这样，才能激发项目参与人员的“斗志”，否则，不但不能起到激励作用，反而可能使项目参与人员产生逆反、反抗的情绪。项目管理者在制定项目目标时，应该走“群众路线”，多听听基层施工人员的意见。基层施工人员是实践的主体，他们的意见多来源于长期在实践中积累的经验，具有较强的适用性。建议召集目标的所有群体或重要代表共同制定项目目标，根据目标条款设定一系列选择题让目标群体自行选择，有疑问的选择题应增设一项“E、(您的意见)”，最后取被多数人选中的项。尽管这种做法在一定程度上增加了管理者的工作量，但这种做法的好处也很诱人：

1）大大提高项目目标的适用性。

2）有利于项目目标被激励对象认同。

3）提高项目管理的民主性，从而提高基层人员的工作积极性。

3. 项目目标适中化

（1）制定项目目标　每个项目参与人员的分目标都不要太高，也不要太低，适中的高度是每个项目参与人员通过一定努力可以实现项目目标。如果把目标比作树上的苹果，如果苹果树太高，下面的人搬来椅子、跳起来等都不能采到，爬上树去又怕摔下，这种情况下愿意去采苹果的人就不多；如果苹果树矮到人们经过就可以随手采到苹果，那么人们采苹果的态度就可能变得“漫不经心”了，采到苹果也不会有成就感，同时也浪费了人们的“潜力”；因此，这个“苹果”最好在不高不低的地方，人们可以搬把凳子或跳起来采到它。

（2）落实项目目标　落实项目目标要突出：考核、反馈、承兑。

1）认真考核。根据项目任务和项目绩效，认真实施项目考核，一般应分为项目中期考核和项目综合考核两阶段，项目中期考核一般在项目联合设计结束后两周内进行，项目综合考核一般在项目进入试运行后两周内进行。严格执行质量和安全的“三检”制度，做好班组自检、项目部抽检、监理验收检查工作，把质量问题消灭在施工过程中。每一项工程一般都有其与众不同之处，很难找到两个同样的项目，项目经理每上一个项目往往就要面对不同的项目目标、不同的业主、不同的项目管理团队等。为了提高考核的公正性和科学性，项目经理应针对本项目特点，在各小组负责人和基层项目人员代表参与的情况下，严格认真地制定《项目绩效考核实施细则》，各个环节考核程序，质量、安全等详细规章制度等等，做到考核时有法可依、有法必依、执法必严、公平公正。

2）反馈。项目经理应加强与项目组成员的日常沟通和交流，就当天工作情况进行一个短时间的小沟通，以便及时得到项目实施人员的反馈信息，明确项目实施现状与目标的偏差、查明存在问题的原因，以便实施精动控制。

3）承兑。项目经理要重视对工人承兑，否则会失去工人对其的信任，而一旦工人不再信任项目经理了，目标激励也就失去了效力。而且承兑一定要公平，为了提高考核的公平性，应该尽可能量化各项考核指标和奖惩标准。

（3）多用项目经理的“软权力”　精柔激励很重视管理者的“软权力”，这些软权力主要来自于管理者的人格魅力。项目经理也要注意培养自己的“软权力”。“上行下效”“身教重于言教”。项目管理者自我制定明确的长期目标和短期目标，并锲而不舍执着追求目标的敬业精神和行为对下级项目人员往往具有很强的榜样激励作用[1]。

总之，“精柔激励”应用于工程项目管理中，也可以提高工程项目管理水平。本例中，项目管理者根据精柔激励原则，要在充分掌握“目标激励法”基本理论、方法的同时，根据具体情境科学而柔性地在工程项目管理实践中应用起来，让科学理论及方法和灵活多变的工程项目管理实践结合起来，让激励科学和激励艺术、激励经验结合起来。除了目标激励，工程项目管理者还应该根据实际情况灵活应用不同激励方法，根据精柔激励的基本原则，将有的放矢与灵活变通结合起来，将“制度内”激励和“制度外”激励结合起来，将“恩”与“威”、“刚”与“柔”结合起来，高度重视激励对象的心理需求，高度重视激励中员工的细微感受，并按照激励对象的心理需求规律和客观情况，以开阔的思路实施多元化的激励，实现事半功倍的项目管理效果。

6.2 促进MC模式企业的发展

大规模定制（MC）模式企业普遍面临客户需求高度多元化和新异化、市场瞬息万变、产品生命周期短、风险大、预测难、竞争激烈的环境[2]。如果不具备“在精中，柔无处不在；在柔中，精无处不在”“柔性求新+精益求精”的精柔型文化理念，如果没有“精与柔相辅相成”的精柔管理理念与精柔战术，大规模定制（MC）模式企业将很难实现高客户满意度，那么定制的优势就难以发挥。

事实上，精柔型企业文化不仅从激励理念、流程理念、方法理念、人才理念等方面促进大规模定制（MC）模式企业的自主创新，而且对大规模定制（MC）模式企业的各方面、全过程运营都可发挥重要的影响，对优化大规模定制（MC）模式企业对现代信息技术、柔性制造技术、产品重组、过程重组、规模经济原理的运用能力也有不可忽视的作用。精柔型企业文化在促进大规模定制（MC）模式企业提高自主创新能力方面，具有降低自主创新成本、提高自主创新质量、缩短自主创新周期、强化自主创新士气、提升解决创新问题的能力、优化客户关系等良性影响（图6-1）。精柔型企业文化是大规模定制（MC）模式企业全面提升创新力、效益、效率、质量、客户满意度的“催化剂”。同时，精柔型企业文化渲染下，大规模定制（MC）模式企业具有执着奋进、持续完善的不竭动力，在日复一日、月复一月、年复一年的“精益求精，追求更优、更新”中不断提升、持续完善、尽善尽美（图6-2）。

总之，21世纪呼唤集“大规模”与“定制”优势为一体的大规模定制（MC）模式，而大规模定制（MC）模式企业在21世纪的创新发展也正在呼唤集“柔性求新”与“精益求精”优势为一体的精柔型企业文化。

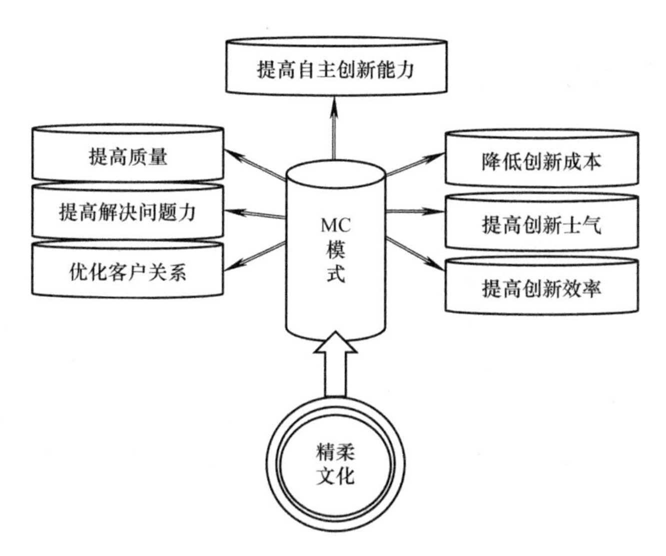

图6-1 精柔型文化驱动MC模式企业自主创新

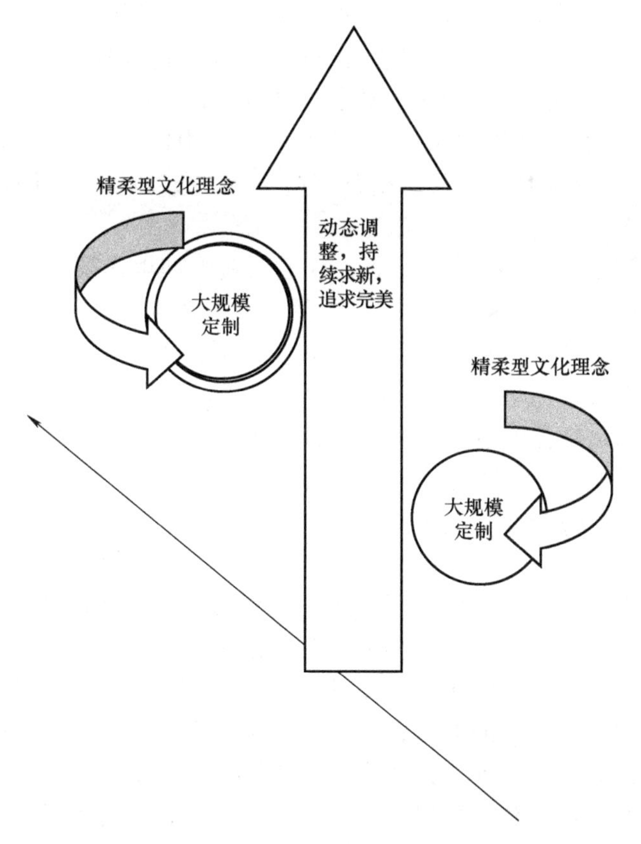

图6-2 精柔型企业文化促进MC模式企业持续改进

6.3 文化路径的拓展应用

精柔型企业文化是一种优秀的创新型文化，既包涵成功创新所必需的“突破”“人本”“与时俱进”“灵活、随机应变”“思维开阔”等文化理念，又具备成功创新所必需的“坚毅”“执着”“精益求精”等文化理念。精柔型企业文化不仅可以提高大规模定制（MC）模式企业的自主创新能力，还可以提高其他类型企业的自主创新能力。精柔型企业文化也可以拓展应用到其他领域，形成精柔型国家文化、精柔型区域文化、精柔型项目文化、精柔型供应链文化、精柔型行政文化等，应用到国家管理、区域管理、项目管理、供应链管理、行政管理领域，提升国家、区域、项目、供应链、行政组织的自主创新能力。

6.4 结束语

总之“柔性求新 + 精益求精”是时代的需求。《道德经》认为“柔”的立身之道是“知足而止”，但这种观念已经不能适应新经济时代组织与个人持续发展的需求了。当前，我们倡导的“柔性”中的“柔”已经不再是我国传统“柔顺”中的“柔”了。时代呼唤我们将“柔性”中的“柔”与精益求精中的“精”结合起来。这就是说，以“精益求精”替代传统的“知足而止”，是当今时代的迫切需求。

优化大规模定制（MC）模式企业自主创新管理也是新经济时代的迫切需求。本书为大规模定制（MC）模式企业驱动自主创新推荐重要文化路径，提出一系列精柔战术，愿能为大规模定制（MC）模式企业实践者与相关研究者提供一些新的思路与启发，起到“抛砖引玉”的作用。

此外，本书建议应用柔性思维辅助精益理念的应用。精益理念的柔性应用不仅有利于大规模定制（MC）模式企业，而且对国家、社会、政府、医院、工程项目、其他模式的企业等各种组织都具有重要的理论意义与现实意义。笔者早在 2012 年就指出“由于刚性照搬丰田精益，不但需要巨大的企业改造成本，而且成功率不高，于是很多企业因此放弃了精益改造。是否可以换一种应用精益理念的思维方式——精柔思维，既不是‘刚性照搬’，也不是‘知难而退而放弃’，而是增加应用精益理念的柔性，取精益之精华，去其不能适应本企业客观情况或预期收益小于成本的部分，将中国国情、本企业实情注入精益，在精益的基础上创新，富有柔性地、不拘泥于固有模式地应用精益。”本书笔者再次呼吁“精益 + 柔性”的优势。可以说目前成功的精益企业管理者都是“精益 + 柔性”理念的应用者[3]。新经济时代的到来，给精益理念的应用既带来了机遇，也带来了挑战。一方面企业间关于时间、物质、信息、人才、资金等各种资源的竞争更加激烈，企业亟需引进精益理念、精益方法提高企业降低成本、提高质效的能力；另一方面精益理念与精益方法产生于工业经济时代，新经济时代的环境发生了很大变化，现代企业“刚性”照搬“原生”精益体系成功率较低。在这种情况下，本书推荐的“精益+柔性”理念，将对提升精益应用的成功率，促进未来“卓越组织”，乃至推进节约型国家、节约型社会建设都有重要理论与实际意义。

参考文献

[1] 肖天明，陈群. 正确应用目标激励提高工程项目管理水平 [J]. 福建建设科技，2006 (2)：73-74.

[2] WANG Z Q, ZHANG M, SUN H Y. Effects of Standardization and Innovation on Mass Customization: An Empirical Investigation [J]. Technovation, 2016, 48-49 (SI): 79-86.

[3] 肖天明. 精柔思维与精柔管理——面向新经济时代的思维创新与科学管理 [M]. 北京：中国经济出版社，2012.

后　　记

本书终于完稿，是兴奋、是激动、更是说不尽的感谢！

首先，我要感谢在本书相关调研、统计中帮助过我的所有人，谢谢你们！否则，我无法采集到客观的数据，得到可靠的结论。

感谢国家社科面上基金项目《精益思维辅助 MC 模式企业自主创新管理研究》（12BGL015）的资助；感谢福建工程学院领导与同事的支持，感谢管理科学与工程重点学科建设经费的资助；感谢导师给予我的指导和帮助，感谢重庆大学老师、哈尔滨工业大学老师、师兄弟姐妹们的帮助与支持，感谢同学、朋友与学生们在收集资料、协助问卷调查、协助整理数据等方面的大力支持和帮助。当然，还要感谢我的家人给予我的鼎力支持。

笔者每早 5 点起床研究、写作，来不及送孩子上学，多亏了母亲的协助。亲爱的妈妈为我争取了许多宝贵的时间，我特别感谢您！

十分感谢，深深感谢！

本书参考了笔者在本书出版前发表的相关研究成果。全书观点新颖，规范化写作，引用文献与参考文献列于文后。

本书完成后，笔者还将继续从事相关研究。路漫漫其修远兮，吾将上下而求索！感恩！

名 词 索 引

第1章　从MP模式到MC模式的必然性：以海尔为例

人工智能（Artificial intelligence）
柔性（Flexibility）
渐进式创新（Gradual Innovation）

第2章 MC模式企业："精柔相融"的企业

柔性生产（Flexible Production）
突破（Breach）
权变（Contingency）
动态（Dynamic）
动态定制点（Dynamic Customization Point）
延迟（Postponement）
模块化（Modularization）
敏捷（Agile）
柔性制造系统（Flexible Manufacturing System）
互联网（Internet）
供应链（Supply Chain）
动态组织（Dynamic organization）
"零缺陷"（"Zero Defect"）
精细化定制（Fine Customization）
精益求精（Refinement）

第3章 精柔文化路径：MC企业提升自主创新力的重要路径

自主创新（Independent Innovation）
创新型国家（Innovation-oriented Country）
供给侧（Supply Side）
可持续发展（Sustainable Development）
竞争优势（Competitive Advantage）
以人为本（People Oriented）
消除一切浪费（Eliminate All Waste）
精柔型企业文化（Lean-Flexible Enterprise Culture）
创新型企业文化（Innovative Enterprise Culture）
柔性企业文化（Flexible Enterprise Culture）
刚性企业文化（Rigid Enterprise Culture）
以柔克刚（Use Softness To Overcome Hardness）
员工自主创新力（Employee's Independent Innovation Ability）

第4章　MC企业提升自主创新力的精柔战术——基于精柔型企业文化

第5章　MC模式企业构建精柔型企业文化

看板（Kanban）
精动控制（Lean-Dynamic Control）
准时化（Just In Time，JIT）
并购（Acquisitions）

第6章 总结与展望

精柔思维（Lean-flexible Thinking）
节约型国家（Economical Country）
节约型社会（Economical Society）